大方廣佛華嚴經

일러두기

1. 『대방광불화엄경 강설』원문原文의 저본底本은 근세에 교정이 가장 잘 되었다고 정평이 나 있는 대만臺灣의 불타교육기금회佛陀敎育基金會에서 출판한『화엄경소초華嚴經疏鈔』본입니다.

2. 『대방광불화엄경 강설』은 실차난타實叉難陀가 695년부터 699년까지 4년에 걸쳐 번역해 낸 80권본卷本『대방광불화엄경』을 우리말로 옮기고 강설을 붙인 것입니다.

3. 『대방광불화엄경』은 애초 산스크리트에서 한역漢譯된 경전이지만 현재 산스크리트본은 소실된 상태입니다. 산스크리트를 음차한 경우 군이 원래 소리를 표기하려고 하기보다는 『표준국어대사전』이나 『불교사전』 등에 등재된 한자음을 사용하는 것을 원칙으로 하였습니다.

4. 경문의 한글 번역은 동국역경원본을 참고하여 그대로 또는 첨삭을 하며 의미대로 번역하고 다듬었습니다.

5. 각 품마다 내용에 따라 단락을 나누고 제목을 달았습니다. 단락의 제목은 주로 청량淸凉스님의 견해에 기초하였고 이통현李通玄장자의 견해를 참고로 하였습니다.

6. 『대방광불화엄경 강설』의 발행 순서는 한역 경전의 편재 순서를 기준으로 하였고 각 권은 단행본 한 권씩으로 출간될 예정이며 모두 80권으로 완간됩니다. 다만 80권본에 빠져 있는「보현행원품」은 80권본 완역 및 강설 후 시리즈에 포함돼 추가될 예정입니다.

7. 『대방광불화엄경 강설』 안에서 불교용어를 풀이한 것은 운허스님이 저술하고 동국역경원에서 편찬한『불교사전』을 인용하였습니다.

8. 각주의 청량스님의 소疏는 대만에서 입력한 大方廣佛華嚴經 사이트의 것을 사용하였습니다.

9. 『대방광불화엄경 강설』 입법계품에 들어가는 문수지남도는 북송北宋시대 불국佛國 선사가 선재동자가 53명의 선지식을 친견하여 법을 구하는 장면을 하나하나 그림으로 그린 것입니다.

대방광불화엄경 강설
제 45 권

실차난타實叉難陀 한역

무비스님 강설

서문

광명에서 나타난 부처님 말할 수 없고
부처님이 설한 법문 말할 수 없고
법문 속의 묘한 게송 말할 수 없고
게송 듣고 생긴 지혜 말할 수 없도다.

말할 수 없는 지혜로 생각 생각 가운데서
참된 이치[眞諦] 드러냄 말할 수 없고
오는 세상에 나타나실 여러 부처님
법문을 연설하심 끝이 없도다.

낱낱 부처님 법 말할 수 없고
가지가지 청정함도 말할 수 없고
미묘하게 내는 음성 말할 수 없고
바른 법륜 굴리는 것도 말할 수 없네.

저러한 하나하나 법륜 가운데

수다라 연설함 말할 수 없고

저러한 하나하나 수다라에서

분별하는 법문도 말할 수 없도다.

저러한 하나하나 법문 가운데

모든 법문 또 설함을 말할 수 없고

저러한 하나하나 모든 법 중에

중생을 조복함도 말할 수 없네.

2016년 7월 15일

신라 화엄종찰 금정산 범어사

如天 無比

대방광불화엄경 목차

대방광불화엄경 강설 제45권

三十. 아승지품 阿僧祇品

三十一. 여래수량품 如來壽量品

三十二. 보살주처품 菩薩住處品

대방광불화엄경 강설

제45권

三十. 아승지품

제30 아승지품阿僧祇品과 제35 여래수호광명공덕품如來隨好光明功德品은 화엄경 39품 중에서 세존이 직접 설하신 경전이다. 그 외의 품은 모두 여래가 증명하시고 보살들이 설하였다. 아승지품과 제31 여래수량품, 제32 보살주처품은 등각等覺의 깊고 깊은 경지를 밝힌 내용이다.

등각의 덕은 보살로서는 다 헤아릴 수 없기 때문에 심왕心王보살이 질문하고 세존이 직접 설하셨다고 한다. 한량없는 숫자를 다 열거하는데 십만에 해당하는 낙차洛叉에서 시작하여 구지, 아유다, 나유타, 그리고 마지막 124번째 숫자인 '말할 수 없이 말할 수 없음 제곱[不可說不可說轉]'에까지 이르렀다.

이와 같이 참으로 어마어마한 숫자들은 모두 부처님의 수승한 덕의 한량없음을 나타내는 것이라 한다. 즉 자성여래의 무한히 높고 무한히 깊고 무한히 넓은 이치를 헤아려 보기 위하여 먼저 숫자의 단위를 열거하고 게송에서는 헤아릴 바의 무한한 덕을 밝혔다. 그래서 장문을 '능히 헤아리는 숫자의 넓고 많음을 밝힘'이라 하고 게송을 '헤아릴 바의 공덕이 다함이 없음'이라고 하였다.

아승지阿僧祇의 '아阿'는 없다는 '무無'의 뜻이고 '승지僧祇'는 '숫자[數]'라는 뜻이다. 진역晉譯 60권본 화엄경에서는 이 품의 이름을 심왕보살문아승지품心王菩薩問阿僧祇品이라 하였다.

1. 심왕心王보살이 부처님께
아승지를 묻다

이시 심왕보살 백불언 세존 제불여
爾時에 心王菩薩이 白佛言하사대 世尊하 諸佛如

래 연설아승지 무량 무변 무등 불가수
來가 演說阿僧祇와 無量과 無邊과 無等과 不可數와

불가칭 불가사 불가량 불가설 불가설불
不可稱과 不可思와 不可量과 不可說과 不可說不

가설 세존 운하아승지 내지불가설불
可說하시나니 世尊하 云何阿僧祇며 乃至不可說不

가설야
可說耶잇가

그때에 심왕心王보살이 부처님께 말하였습니다. "세
존이시여, 모든 부처님 여래께서 아승지와 한량없음과
그지없음과 같을 이 없음과 셀 수 없음과 일컬을 수 없음과 생각할 수 없음과 헤아릴 수 없음과 말할 수 없음과 말할 수 없이 말할 수 없음을 연설하십니다. 세존이시여, 어떤 것을 아승지라 하며, 내지 말할 수 없이 말할 수 없는 것입니까?"

심왕心王보살이 숫자에 대해서 부처님께 질문하는 것으로부터 시작한다. 모든 부처님 여래께서 아승지와 한량없음과 그지없음과 같을 이 없음과 셀 수 없음 등을 설하시는데 그것은 왜 설하시며 어떤 숫자가 있는가에 대한 질문이다. 즉 부처님의 덕은 얼마나 되며 그것을 헤아리는 수는 어떤 것이 있는가를 밝힌 내용이다.

아승지라는 숫자를 질문하는 심왕心王보살의 '심왕心王'은 무엇을 뜻하는가. 이 내용을 질문하는 보살의 이름에서 그 속뜻을 짐작해야 할 것이다. 화엄경은 보현행원普賢行願사상과 일심一心사상을 가장 중요하게 다루고 있으므로 진여자성 부처의 궁극적 공덕과 능력을 드러내는데 어찌 숫자로써 표현할 수 있으랴마는 이와 같이 숫자로써 설명할 수 있는 데까지 설명하는 것이다.

2. 부처님께서 찬탄하고 설할 것을 허락하다

佛이 告心王菩薩言하사대 善哉善哉라 善男子야
여 금 위 욕 령 제 세 간   입 불 소 지 수 량 지 의
汝今爲欲令諸世間으로 入佛所知數量之義하야
이 문 여 래 응 정 등 각   선 남 자   체 청 체 청
而問如來應正等覺하니 善男子야 諦聽諦聽하야
선 사 념 지   당 위 여 설   시   심 왕 보 살   유
善思念之하라 當爲汝說호리라 時에 心王菩薩이 唯
연 수 교
然受敎러시니라

부처님께서 심왕보살에게 말씀하셨습니다. "훌륭하
고 훌륭하도다, 선남자여. 그대가 지금 모든 세간 사람
들로 하여금 부처님이 아는 수량의 뜻을 알게 하기 위

하여 여래 응공 정등각에게 묻는구나. 선남자여, 자세히 듣고 자세히 들어서 잘 생각하라. 마땅히 그대들을 위해서 설하리라." 그때에 심왕보살이 가르침을 받으려고 기다리고 있었습니다.

심왕보살이 아승지라는 숫자에 대해 질문하자 부처님께서는 "훌륭하고 훌륭하도다, 선남자여. 그대가 지금 모든 세간 사람들로 하여금 부처님이 아는 수량의 뜻을 알게 하기 위하여 여래에게 묻는구나. 선남자여, 자세히 듣고 자세히 들어서 잘 생각하라. 마땅히 그대들을 위해서 설하리라." 라고 하시면서 크게 찬탄하였다.

보살이 법을 질문하는 것은 반드시 자기 자신이 알고 싶어서 하는 것만이 아니다. 현전에 있는 수많은 대중들의 이익을 위해서 묻는 것이며, 또한 미래의 무수한 중생들의 이익을 위해서 묻는 것이다. 그러므로 그 내용들을 잘 기록하여 이와 같이 전승하여야 한다.

3. 능히 헤아리는 숫자의 넓고 많음을 밝히다

불언 하사대 善男子야 一百洛叉가 爲一俱胝요

구지구지 위일아유다 아유다아유다 위
俱胝俱胝가 爲一阿庾多요 阿庾多阿庾多가 爲

일 나 유 타
一那由他요

부처님께서 말씀하셨습니다. "선남자여, 일백 낙차가
한 구지요, 구지씩 구지가 한 아유다요, 아유다씩 아유
다가 한 나유타니라."

진여자성 여래의 공덕과 현전의 부처님의 공덕을 헤아려
알려면 먼저 표현할 수 있는 숫자가 있어야 한다. 얼마나 되
는 숫자가 있어야 자성 여래의 공덕과 현전의 부처님의 공덕

을 헤아릴 수 있을까.

먼저 낙차洛叉부터 시작하였다. 낙차洛叉는 일, 십, 백, 천, 만, 십만이라고 할 때 그 십만에 해당하는 숫자이다. 구지俱胝나 나유타那由他 등은 자주 등장하는 말이라서 해석한 내용이 있으나 그 외에는 해석이 없다. 구지俱胝는 구치俱致·拘致·구리拘梨라고도 쓰는데 번역하여 억億으로서 인도에서 쓰던 수량의 단위이다. 혹은 일천만이라고도 한다. 나유타那由他는 인도에서 아주 많은 수를 표시하는 수량의 이름이다. 아유다阿由多·阿庾多의 백 배이며 수천만 혹은 천억·만억이라고도 하여 한결같지 않다. 이와 같이 지금 우리가 사용하는 숫자와 비교해 얼마라는 것을 정확하게 말할 수 없다.

번역에서 "씩"이라는 표현을 썼는데 '씩'은 '수량이나 크기로 나누거나 되풀이됨'의 뜻을 더하는 접미사이다. 이 '씩'으로써 뜻이 잘 드러날 것 같아서 매번 사용하였다.

나 유 타 나 유 타　　위 일 빈 바 라　　빈 바 라 빈 바
那由他那由他가　爲一頻婆羅요　頻婆羅頻婆

라　위 일 긍 갈 라　　긍 갈 라 긍 갈 라　위 일 아 가
羅가　爲一矜羯羅요　矜羯羅矜羯羅가　爲一阿伽

라　아 가 라 아 가 라　위 일 최 승　　최 승 최 승
羅요　阿伽羅阿伽羅가　爲一最勝이요　最勝最勝이

위 일 마 바 라
爲一摩婆羅요

　　"나유타씩 나유타가 한 빈바라요, 빈바라씩 빈바라
가 한 긍갈라요, 긍갈라씩 긍갈라가 한 아가라요, 아가
라씩 아가라가 한 최승最勝이요, 최승씩 최승이 한 마바
라니라."

　　마 바 라 마 바 라　위 일 아 바 라　　아 바 라 아 바
　　摩婆羅摩婆羅가　爲一阿婆羅요　阿婆羅阿婆

라　위 일 다 바 라　　다 바 라 다 바 라　위 일 계 분
羅가　爲一多婆羅요　多婆羅多婆羅가　爲一界分이요

계 분 계 분　위 일 보 마　보 마 보 마　　위 일 네 마
界分界分이　爲一普摩요　普摩普摩가　爲一禰摩요

　　"마바라씩 마바라가 한 아바라요, 아바라씩 아바라
가 한 다바라요, 다바라씩 다바라가 한 계분界分이요, 계

분씩 계분이 한 보마요, 보마씩 보마가 한 녜마니라."

녜 마 녜 마   위 일 아 바 겸   아 바 겸 아 바 겸
禰摩禰摩가 爲一阿婆鈐이요 阿婆鈐阿婆鈐이

위 일 미 가 바   미 가 바 미 가 바   위 일 비 라 가   비
爲一彌伽婆요 彌伽婆彌伽婆가 爲一毘攞伽요 毘

라 가 비 라 가   위 일 비 가 바   비 가 바 비 가 바   위
攞伽毘攞伽가 爲一毘伽婆요 毘伽婆毘伽婆가 爲

일 승 갈 라 마
一僧羯邏摩요

"녜마씩 녜마가 한 아바겸이요, 아바겸씩 아바겸이
한 미가바요, 미가바씩 미가바가 한 비라가요, 비라가
씩 비라가가 한 비가바요, 비가바씩 비가바가 한 승갈
라마니라."

승 갈 라 마 승 갈 라 마   위 일 비 살 라   비 살 라 비
僧羯邏摩僧羯邏摩가 爲一毘薩羅요 毘薩羅毘

살라　위일비섬바　　비섬바비섬바　　위일비성
薩羅가 爲一毘贍婆요 毘贍婆毘贍婆가 爲一毘盛

가　비성가비성가　위일비소타　　비소타비소
伽요 毘盛伽毘盛伽가 爲一毘素陀요 毘素陀毘素

타　위일비바하
陀가 爲一毘婆訶요

　　"승갈라마씩 승갈라마가 한 비살라요, 비살라씩 비
살라가 한 비섬바요, 비섬바씩 비섬바가 한 비성가요,
비성가씩 비성가가 한 비소타요, 비소타씩 비소타가 한
비바하니라."

　　비바하비바하　　위일비박저　　　비박저비박
毘婆訶毘婆訶가 爲一毘薄底요 毘薄底毘薄

저　위일비거담　　비거담비거담　　위일칭량
底가 爲一毘佉擔이요 毘佉擔毘佉擔이 爲一稱量

　　칭량칭량　위일일지　　일지일지　위일이
이요 稱量稱量이 爲一一持요 一持一持가 爲一異

로
路요

대방광불화엄경 강설

"비바하씩 비바하가 한 비박저요, 비박저씩 비박저가 한 비카담[毗伐擔]이요, 비카담씩 바카담이 한 칭량稱量이요, 칭량씩 칭량이 한 일지一持요, 일지씩 일지가 한 이로異路니라."

이로 이로 위 일 전도　　전도전도 위 일 삼
異路異路가 爲一顚倒요 顚倒顚倒가 爲一三

말 야　삼 말 야삼 말 야 위 일 비 도 라　비 도 라 비
末耶요 三末耶三末耶가 爲一毘覩羅요 毘覩羅毘

도 라 위 일 해 바 라　해 바 라 해 바 라 위 일 사 찰
覩羅가 爲一奚婆羅요 奚婆羅奚婆羅가 爲一伺察
이요

"이로씩 이로가 한 전도顚倒요, 전도씩 전도가 한 삼말야요, 삼말야씩 삼말야가 한 비도라요, 비도라씩 비도라가 한 해바라요, 해바라씩 해바라가 한 사찰伺察이니라."

사찰사찰　위일주광　　주광주광　위일고
伺察伺察이 爲一周廣이요 周廣周廣이 爲一高

출　　고출고출　위일최묘　　최묘최묘　위일
出이요 高出高出이 爲一最妙요 最妙最妙가 爲一

니라바　니라바니라바　위일하리바
泥羅婆요 泥羅婆泥羅婆가 爲一訶理婆요

"사찰씩 사찰이 한 주광周廣이요, 주광씩 주광이 한
고출高出이요, 고출씩 고출이 한 최묘最妙요, 최묘씩 최묘
가 한 니라바요, 니라바씩 니라바가 한 하리바니라."

하리바하리바　위일일동　　일동일동　위
訶理婆訶理婆가 爲一一動이요 一動一動이 爲

일하리포　하리포하리포　위일하리삼　　하
一訶理蒲요 訶理蒲訶理蒲가 爲一訶理三이요 訶

리삼하리삼　위일해로가　해로가해로가　위
理三訶理三이 爲一奚魯伽요 奚魯伽奚魯伽가 爲

일달라보타
一達欐步陀요

"하리바씩 하리바가 한 일동一動이요, 일동씩 일동이

한 하리포요, 하리포씩 하리포가 한 하리삼이요, 하리
삼씩 하리삼이 한 해로가요, 해로가씩 해로가가 한 달
라보타니라."

달라보타 달라보타   위일 하로나   하로나
達欄步陀達欄步陀_가 爲一訶魯那_요 訶魯那

하로나   위일 마로타   마로타 마로타   위일 참
訶魯那_가 爲一摩魯陀_요 摩魯陀摩魯陀_가 爲一懺

모타   참모타 참모타   위일 에라타   에라타
慕陀_요 懺慕陀懺慕陀_가 爲一瑿欏陀_요 瑿欏陀

에라타   위일 마로마
瑿欏陀_가 爲一摩魯摩_요

"달라보타씩 달라보타가 한 하로나요, 하로나씩 하
로나가 한 마로타요, 마로타씩 마로타가 한 참모타요,
참모타씩 참모타가 한 예라타요, 예라타씩 예라타가 한
마로마니라."

마로마마로마　위일 조복　　조복조복　위
摩魯摩摩魯摩가　爲一調伏이요 調伏調伏이 爲

일 이교만　　이교만이교만　위일부동　　부
一離憍慢이요 離憍慢離憍慢이 爲一不動이요 不

동부동　위일극량　　극량극량　위일아마달
動不動이 爲一極量이요 極量極量이 爲一阿麼怛

라
羅요

　"마로마씩 마로마가 한 조복調伏이요, 조복씩 조복이
한 교만 여읨[離憍慢]이요, 교만 여읨씩 교만 여읨이 한
부동不動이요, 부동씩 부동이 한 극량極量이요, 극량씩 극
량이 한 아마달라니라."

아마달라아마달라　위일발마달라　　발마달
阿麼怛羅阿麼怛羅가　爲一勃麼怛羅요 勃麼怛

라발마달라　위일가마달라　　가마달라가마달
羅勃麼怛羅가　爲一伽麼怛羅요 伽麼怛羅伽麼怛

라　위일나마달라　　나마달라나마달라　위일
羅가　爲一那麼怛羅요 那麼怛羅那麼怛羅가　爲一

해 마 달 라　해 마 달 라 해 마 달 라　위 일 비 마 달 라
奚麽怛羅요 奚麽怛羅奚麽怛羅가 爲一鞞麽怛羅요

"아마달라씩 아마달라가 한 발마달라요, 발마달라씩
발마달라가 한 가마달라요, 가마달라씩 가마달라가 한
나마달라요, 나마달라씩 나마달라가 한 해마달라요, 해
마달라씩 해마달라가 한 비마달라니라."

비 마 달 라 비 마 달 라　위 일 발 라 마 달 라　발 라
鞞麽怛羅鞞麽怛羅가 爲一鉢羅麽怛羅요 鉢羅

마 달 라 발 라 마 달 라　위 일 시 바 마 달 라　시 바 마
麽怛羅鉢羅麽怛羅가 爲一尸婆麽怛羅요 尸婆麽

달 라 시 바 마 달 라　위 일 예 라　예 라 예 라　위
怛羅尸婆麽怛羅가 爲一翳羅요 翳羅翳羅가 爲

일 벽 라　벽 라 벽 라　위 일 체 라
一薜羅요 薜羅薜羅가 爲一諦羅요

"비마달라씩 비마달라가 한 발라마달라요, 발라마달
라씩 발라마달라가 한 시바마달라요, 시바마달라씩 시
바마달라가 한 예라요, 예라씩 예라가 한 폐라[薜羅]요,
폐라씩 폐라가 한 체라니라."

체 라 체 라 　 위 일 게 라 　 게 라 게 라 　 위 일 솔
諦羅諦羅가 　爲一偈羅요 偈羅偈羅가 　爲一窣

보 라 　 솔 보 라 솔 보 라 　 위 일 니 라 　 니 라 니 라
步羅요 窣步羅窣步羅가 　爲一泥羅요 泥羅泥羅가

위 일 계 라 　 계 라 계 라 　 위 일 세 라
爲一計羅요 計羅計羅가 　爲一細羅요

"체라씩 체라가 한 게라요, 게라씩 게라가 한 솔보라
요, 솔보라씩 솔보라가 한 니라요, 니라씩 니라가 한 계
라요, 계라씩 계라가 한 세라니라."

세 라 세 라 　 위 일 비 라 　 비 라 비 라 　 위 일 미 라
細羅細羅가 　爲一睥羅요 睥羅睥羅가 　爲一謎羅

미 라 미 라 　 위 일 사 라 도 　 사 라 도 사 라 도 　 위
요 謎羅謎羅가 　爲一娑攞茶요 娑攞茶娑攞茶가 　爲

일 미 로 다 　 미 로 다 미 로 다 　 위 일 계 로 다
一謎魯陀요 謎魯陀謎魯陀가 　爲一契魯陀요

"세라씩 세라가 한 비라요, 비라씩 비라가 한 미라
요, 미라씩 미라가 한 사라도요, 사라도씩 사라도가 한
미로다요, 미로다씩 미로다가 한 계로다니라."

계 로 다 계 로 다　위 일 마 도 라　마 도 라 마 도
契魯陀契魯陀가 爲一摩覩羅요 摩覩羅摩覩

라　위 일 사 모 라　사 모 라 사 모 라　위 일 아 야 사
羅가 爲一娑母羅요 娑母羅娑母羅가 爲一阿野娑

아 야 사 아 야 사　위 일 가 마 라　가 마 라 가 마
요 阿野娑阿野娑가 爲一迦麽羅요 迦麽羅迦麽

라　위 일 마 가 바
羅가 爲一摩伽婆요

"계로다씩 계로다가 한 마도라요, 마도라씩 마도라
가 한 사모라요, 사모라씩 사모라가 한 아야사요, 아야
사씩 아야사가 한 가마라요, 가마라씩 가마라가 한 마
가바니라."

마 가 바 마 가 바　위 일 아 달 라　아 달 라 아 달
摩伽婆摩伽婆가 爲一阿怛羅요 阿怛羅阿怛

라　위 일 혜 로 야　혜 로 야 혜 로 야　위 일 벽 로 바
羅가 爲一醯魯耶요 醯魯耶醯魯耶가 爲一薜魯婆요

벽 로 바 벽 로 바　위 일 갈 라 파　갈 라 파 갈 라 파
薜魯婆薜魯婆가 爲一羯羅波요 羯羅波羯羅波가

위 일 하 바 바
爲一訶婆婆요

"마가바씩 마가바가 한 아달라요, 아달라씩 아달라
가 한 혜로야요, 혜로야씩 혜로야가 한 폐로바[薛魯婆]요,
폐로바씩 폐로바가 한 갈라파요, 갈라파씩 갈라파가 한
하바바니라."

하 바 바 하 바 바　위 일 비 바 라　비 바 라 비 바
訶婆婆訶婆婆가 **爲一毘婆羅**요 **毘婆羅毘婆**

라　위 일 나 바 라　나 바 라 나 바 라　위 일 마 라 라
羅가 **爲一那婆羅**요 **那婆羅那婆羅**가 **爲一摩攞羅**요

마 라 라 마 라 라　위 일 사 바 라　사 바 라 사 바 라
摩攞羅摩攞羅가 **爲一娑婆羅**요 **娑婆羅娑婆羅**가

위 일 미 라 보
爲一迷攞普요

"하바바씩 하바바가 한 비바라요, 비바라씩 비바라
가 한 나바라요, 나바라씩 나바라가 한 마라라요, 마라
라씩 마라라가 한 사바라요, 사바라씩 사바라가 한 미
라보니라."

미 라 보 미 라 보　　위 일 자 마 라　　　자 마 라 자 마
迷攞普迷攞普가 爲一者麽羅요 者麽羅者麽

라　　위 일 타 마 라　　　타 마 라 타 마 라　　위 일 발 라
羅가 爲一馱麽羅요 馱麽羅馱麽羅가 爲一鉢攞

마 다　　발 라 마 다 발 라 마 다　　위 일 비 가 마　　비
麽陀요 鉢攞麽陀鉢攞麽陀가 爲一毘伽摩요 毘

가 마 비 가 마　　위 일 오 파 발 다
伽摩毘伽摩가 爲一烏波跋多요

"미라보씩 미라보가 한 자마라요, 자마라씩 자마라
가 한 타마라요, 타마라씩 타마라가 한 발라마다요, 발
라마다씩 발라마다가 한 비가마요, 비가마씩 비가마가
한 오파발다니라."

오 파 발 다 오 파 발 다　　위 일 연 설　　　연 설 연 설
烏波跋多烏波跋多가 爲一演說이요 演說演說이

위 일 무 진　　　무 진 무 진　　위 일 출 생　　　출 생 출 생
爲一無盡이요 無盡無盡이 爲一出生이요 出生出生이

위 일 무 아　　무 아 무 아　　위 일 아 반 다
爲一無我요 無我無我가 爲一阿畔多요

"오파발다씩 오파발다가 한 연설演說이요, 연설씩 연설이 한 다함없음[無盡]이요, 다함없음씩 다함없음이 한 출생出生이요, 출생씩 출생이 한 무아無我요, 무아씩 무아가 한 아반다니라."

아반다아반다　　위일청련화　　청련화청련
阿畔多阿畔多가　爲一靑蓮華요　靑蓮華靑蓮

화　　위일발두마　　발두마발두마　　위일승지
華가　爲一鉢頭摩요　鉢頭摩鉢頭摩가　爲一僧祇요

승지승지　　위일취　　취취　　위일지
僧祇僧祇가　爲一趣요　趣趣가　爲一至요

"아반다씩 아반다가 한 청련화靑蓮華요, 청련화씩 청련화가 한 발두마요, 발두마씩 발두마가 한 승지요, 승지씩 승지가 한 취趣요, 취씩 취가 한 지至니라."

지지　　위일아승지　　아승지아승지　　위일아
至至가　爲一阿僧祇요　阿僧祇阿僧祇가　爲一阿

승지전　　아승지전아승지전　위일무량　　무
僧祇轉이요 **阿僧祇轉阿僧祇轉**이 **爲一無量**이요 **無**

량무량　위일무량전　　무량전무량전　　위일
量無量이 **爲一無量轉**이요 **無量轉無量轉**이 **爲一**

무변
無邊이요

　　"지씩 지가 한 아승지요, 아승지씩 아승지가 한 아승
지 제곱[轉]이요, 아승지 제곱씩 아승지 제곱이 한 한량
없음이요, 한량없음씩 한량없음이 한 한량없음 제곱이
요, 한량없음 제곱씩 한량없음 제곱이 한 그지없음이
니라."

무변무변　　위일무변전　　　무변전무변전
無邊無邊이 **爲一無邊轉**이요 **無邊轉無邊轉**이

위일무등　　무등무등　위일무등전　　무등전
爲一無等이요 **無等無等**이 **爲一無等轉**이요 **無等轉**

무등전　위일불가수　　불가수불가수　　위일불
無等轉이 **爲一不可數**요 **不可數不可數**가 **爲一不**

가 수 전
可數轉이요

"그지없음씩 그지없음이 한 그지없음 제곱이요, 그
지없음 제곱씩 그지없음 제곱이 한 같을 이 없음이요,
같을 이 없음씩 같을 이 없음이 한 같을 이 없음 제곱
이요, 같을 이 없음 제곱씩 같을 이 없음 제곱이 한 셀
수 없음이요, 셀 수 없음씩 셀 수 없음이 한 셀 수 없음
제곱이니라."

불 가 수 전 불 가 수 전   위 일 불 가 칭   불 가 칭
不可數轉不可數轉이 **爲一不可稱**이요 **不可稱**

불 가 칭   위 일 불 가 칭 전   불 가 칭 전 불 가 칭 전
不可稱이 **爲一不可稱轉**이요 **不可稱轉不可稱轉**이

위 일 불 가 사   불 가 사 불 가 사   위 일 불 가 사 전
爲一不可思요 **不可思不可思**가 **爲一不可思轉**이요

불 가 사 전 불 가 사 전   위 일 불 가 량
不可思轉不可思轉이 **爲一不可量**이요

"셀 수 없음 제곱씩 셀 수 없음 제곱이 한 일컬을 수
없음이요, 일컬을 수 없음씩 일컬을 수 없음이 한 일컬

을 수 없음 제곱이요, 일컬을 수 없음 제곱씩 일컬을 수
없음 제곱이 한 생각할 수 없음이요, 생각할 수 없음씩
생각할 수 없음이 한 생각할 수 없음 제곱이요, 생각할
수 없음 제곱씩 생각할 수 없음 제곱이 한 헤아릴 수 없
음이니라."

不可量不可量이 爲一不可量轉이요 不可量轉이

不可量轉이 爲一不可說이요 不可說不可說이 爲

一不可說轉이요 不可說轉不可說轉이 爲一不可

說不可說이요 此又不可說不可說이 爲一不可說

不可說轉이니라

"헤아릴 수 없음씩 헤아릴 수 없음이 한 헤아릴 수
없음 제곱이요, 헤아릴 수 없음 제곱씩 헤아릴 수 없음
제곱이 한 말할 수 없음이요, 말할 수 없음씩 말할 수

없음이 한 말할 수 없음 제곱이요, 말할 수 없음 제곱씩 말할 수 없음 제곱이 한 말할 수 없이 말할 수 없음이요, 이것을 또 말할 수 없이 말할 수 없음이 한 말할 수 없이 말할 수 없음 제곱이니라."

길고 긴 숫자의 나열이 이제 끝났다. 숫자를 열거하는데 십만에 해당한다는 낙차洛叉에서 시작하여 말할 수 없이 말할 수 없음 제곱[不可說不可說轉]에까지 이르렀다. 모두 124종류이다. 도대체 이 모든 숫자는 얼마라는 말인가. 우리나라에서 사용하고 있는 숫자와 비교해 보면 그 수의 광대함을 짐작할 것이다.

그런데 한 가지 이상한 점은 머리가 조금 혼란스러워도 그런대로 끊임없이 따라가면서 헤아리고 있는 나는 또 무엇이란 말인가. 참으로 미묘 불가사의하다. 이 모든 숫자는 보현보살의 공덕과 부처님의 공덕과 진여자성 여래의 공덕을 헤아리기 위한 방편의 숫자다. 다음에는 게송으로 헤아릴 바의 공덕이 다함이 없음을 설하였다.

4. 헤아릴 바의 공덕이 다함이 없다

1) 보현의 공덕은 광대하다

이 시 세 존 위 심 왕 보 살 이 설 송 언
爾時에 **世尊**이 **爲心王菩薩**하사 **而說頌言**하사대

그때에 세존께서 심왕보살에게 게송으로 말씀하셨습니다.

불 가 언 설 불 가 설 충 만 일 체 불 가 설
不可言說不可說이 **充滿一切不可說**이라

불 가 언 설 제 겁 중 설 불 가 설 불 가 진
不可言說諸劫中에 **說不可說不可盡**이로다

말할 수 없이 말할 수 없는 것이

말할 수 없는 일체에 가득 찼으니

말할 수 없는 모든 겁劫 가운데서
말할 수 없이 말해서 다할 수 없도다.

청량스님은 게송에 대해서 다음과 같이 분석하였다. "120개의 게송을 크게 둘로 나눈다. 앞의 6게송은 보현의 덕이 넓어서 다 설명할 수 없음을 밝혔고, 나머지 114게송은 부처님의 덕이 깊고 넓어서 보현이 궁구함을 밝혔다."[1)]

보현보살의 공덕을 어찌 다 말할 수 있겠는가. 다만 말할 수 있는 것이 말할 수 없이 많다는 말밖에…. 보현보살의 공덕이나 부처님의 공덕이나 진여자성 부처의 공덕이나 한결같이 다만 말할 수 없다는 말밖에 달리 말할 것이 없다. 그러므로 말할 수 없다는 말이 가장 많이 나온다. 말할 수 없다고 하면서 끊임없이 말할 수 없다는 말을 하는 것은 무슨 도리인가.

---

1) 偈頌：百二十偈大分為二 : 前六偈明普賢德廣, 說不可盡. 餘一百一十四偈 明佛德深廣, 普賢窮究.

불 가 언 설 제 불 찰　　　개 실 쇄 말 위 미 진
不可言說諸佛刹을　　**皆悉碎末爲微塵**이어든

일 진 중 찰 불 가 설　　　여 일 일 체 개 여 시
一塵中刹不可說이니　**如一一切皆如是**로다

말할 수 없는 모든 부처님 세계를

모두 다 부수어서 작은 먼지 만들어

한 먼지에 있는 세계 말할 수 없으니

하나와 같이 일체 먼지도 다 그러하도다.

하나의 작은 먼지 속에 무수한 우주가 있다. 또 우리가
흔히 말하는 우주도 끝이 없어서 다중多重우주라고 한다. 미
세먼지 안으로도 무한한 우주가 있고 밖으로도 역시 무한
한 우주가 있다. 낱낱 미세먼지가 다 그와 같다.

차 불 가 설 제 불 찰　　　일 념 쇄 진 불 가 설
此不可說諸佛刹을　　**一念碎塵不可說**이어든

염 념 소 쇄 실 역 연　　　진 불 가 설 겁 항 이
念念所碎悉亦然하니　**盡不可說劫恒爾**로다

이렇게 말할 수 없는 모든 부처님 세계를
한 생각에 부순 먼지 말할 수 없고
생각 생각마다 부순 먼지도 역시 그러해
모든 말할 수 없는 겁이 항상 그러하도다.

가히 말할 수 없이 많은 세계를 한순간에 다 부수어 작은 먼지를 만들었다고 하자. 그 미세먼지의 숫자도 이루 말할 수 없는데 매 순간순간 부순 미세먼지의 모든 숫자는 어떠 하겠는가. 그런데 가히 말할 수 없는 모든 길고 긴 겁 동안 도 또한 그러하다는 것이다.

차 진 유 찰 불 가 설
此塵有刹不可說이니

차 찰 위 진 설 갱 난
此刹爲塵說更難이라

이 불 가 설 산 수 법
以不可說算數法으로

불 가 설 겁 여 시 수
不可說劫如是數로다

이런 먼지 속의 세계를 말할 수 없고
이런 세계를 부순 먼지 말하기 더욱 어려워
말로 할 수 없는 산수의 법으로써

말할 수 없는 겁 동안 이와 같이 세도다.

이와 같이 말할 수 없는 산수의 법으로 말할 수 없는 겁 동안 말할 수 없는 수를 헤아린다 해도 보현보살의 공덕의 양은 비교할 수 없으리라.

이 차 제 진 수 제 겁   일 진 십 만 불 가 설
以此諸塵數諸劫이   **一塵十萬不可說**이어든

이 겁 칭 찬 일 보 현   무 능 진 기 공 덕 량
爾劫稱讚一普賢호대   **無能盡其功德量**이라

이러한 모든 먼지로써 모든 겁을 세는데
한 먼지에 십만의 말할 수 없는 겁씩
그러한 겁 동안 한 분의 보현보살을 칭찬한대도
그 공덕의 양을 다 셀 수 없도다.

그와 같이 많고 많은 미세먼지의 숫자와 같은 모든 겁에 대하여 하나의 미세먼지를 십만 말할 수 없는 겁이라고 가정했을 때 그 모든 겁 동안 한 분의 보현보살의 공덕만을 칭찬

한다 하더라도 그 공덕의 양을 다 칭찬할 수가 없다.

어 일 미 세 모 단 처　　　　유 불 가 설 제 보 현
於一微細毛端處에　　　**有不可說諸普賢**하며

일 체 모 단 실 역 이　　　　여 시 내 지 변 법 계
一切毛端悉亦爾하야　　**如是乃至徧法界**로다

하나의 미세한 터럭 끝자리에

말할 수 없는 모든 보현보살이 있는 것같이

일체 터럭 끝마다 모두 그러해

이와 같이 온 법계에 가득하도다.

　보현보살은 한 분만을 말하지 않는다. 선한 일을 하며 정직하게 살고 육바라밀을 실천하고 사섭법과 사무량심을 실천하고 인의예지를 실천하는 이들은 모두 보현보살이다. 그러므로 한 터럭 끝에도 말할 수 없이 많은 보현보살이 있고 또 모든 터럭 끝마다 빠짐없이 말할 수 없이 많은 보현보살이 있다. 그래서 저 드넓은 우주법계에 보현보살이 가득하다. 한 분의 보현보살의 공덕을 칭찬하는데 그 많은 세월

동안 설해도 다할 수 없거늘 앞에서 말한 그 많은 보현보살의 그 많고 많은 공덕을 어찌 다 칭찬할 수 있겠는가. 가히 말할 수 없을 뿐이다.

2) 부처님의 덕이 광대함을 보현이 궁구窮究하다

(1) 의보依報가 자재하다

<table>
<tr><td>일 모 단 처 소 유 찰
一毛端處所有刹이</td><td>기 수 무 량 불 가 설
其數無量不可說이며</td></tr>
<tr><td>진 허 공 량 제 모 단
盡虛空量諸毛端에</td><td>일 일 처 찰 실 여 시
一一處刹悉如是로다</td></tr>
</table>

한 터럭 끝에 있는 모든 세계들

그 수효 한량없어 말할 수 없고

온 허공에 가득한 모든 터럭 끝마다

낱낱 곳에 있는 세계 또한 이와 같도다.

다음은 부처님의 덕이 광대함을 보현보살이 궁구窮究한다는 내용이다. 덕을 다시 의보依報와 정보正報로 나누어서 본다. 의보가 부처님이 수행으로 누리는 세계와 환경이라면 정보는 부처님의 수행에 의한 몸을 뜻한다. 부처님의 이 두 가지 공덕의 면을 다른 보살은 알 수 없고 다만 보현보살만 이 알 수 있으므로 보현보살이 궁구하는 것으로 보았다.

피 모 단 처 제 국 토 　　　무 량 종 류 차 별 주
彼毛端處諸國土가　**無量種類差別住**호대

유 불 가 설 이 류 찰 　　　유 불 가 설 동 류 찰
有不可說異類刹하며　**有不可說同類刹**이로다

저 터럭 끝에 있는 모든 국토들
한량없는 종류가 각각 다르니
말할 수 없는 다른 종류 세계가 있고
말할 수 없는 같은 종류 세계가 있도다.

국토나 세계들은 모두 의지하는 과보로서 의보에 해당한다. 무수한 세계들이 각각 같기도 하고 다르기도 하다. 그 많은 세계들이 낱낱이 말할 수 없이 많다.

불가언설모단처 　　　　개유정찰불가설
不可言說毛端處에 　　**皆有淨刹不可說**하니

종종장엄불가설 　　　　종종기묘불가설
種種莊嚴不可說이며 　**種種奇妙不可說**이로다

말할 수 없이 많은 터럭 끝마다

깨끗한 세계들 말할 수 없고

가지가지 장엄도 말할 수 없고

가지가지 기묘함도 말할 수 없도다.

말할 수 없이 많은 터럭 끝마다에 있는 세계들, 깨끗함과 장엄과 기묘함을 말할 수 없다. 이것이 부처님 의보의 덕이다.

(2) 의보 가운데서 정보正報를 나타내다

어피일일모단처 　　　　연불가설제불명
於彼一一毛端處에 　　**演不可說諸佛名**하니

일일명유제여래 　　　　개불가설불가설
一一名有諸如來호대 　**皆不可說不可說**이로다

저러한 하나하나 터럭 끝마다
말할 수 없는 여러 부처님의 이름을 말하며
하나하나 이름마다 여래가 있어
모두 말할 수 없이 말할 수 없도다.

많고 많은 터럭 끝마다 말할 수 없이 많은 부처님 명호,
그 명호 하나하나에 여래가 계시어 말할 수 없다. 터럭 끝은
의보이고 부처님의 몸은 정보이다.

일 일 제 불 어 신 상　　현 불 가 설 제 모 공
一一諸佛於身上에　　現不可說諸毛孔하며

어 피 일 일 모 공 중　　현 중 색 상 불 가 설
於彼一一毛孔中에　　現衆色相不可說하며

저러한 부처님의 낱낱 몸 위에
말할 수 없이 많은 모공이 있고
저러한 하나하나 모공 속에
나타내는 온갖 색상들 말할 수 없도다.

말할 수 없이 말할 수 없는 부처님의 몸에 낱낱이 모공이 있고, 그 낱낱 모공마다 온갖 색상을 말할 수 없이 나타낸다.

불 가 언 설 제 모 공 　　　함 방 광 명 불 가 설
不可言說諸毛孔에　　咸放光明不可說이로다

말할 수 없이 많은 모공마다
모두 다 광명을 놓는 것도 말할 수 없도다.

말할 수 없이 많고 많은 모공에서 말할 수 없이 많은 광명을 놓는다. 부처님의 몸만 그런 것이 아니라 삼라만상 천지만물이 하나같이 다 광명을 놓고 있다.

(3) 정보 가운데서 의보를 나타내다

1〉 연꽃의 광명을 보이다

어 피 일 일 광 명 중 　　　실 현 연 화 불 가 설
於彼一一光明中에　　悉現蓮華不可說이며

어 피 일 일 연 화 내 　　　실 유 중 엽 불 가 설
於彼一一蓮華內에　　悉有衆葉不可說이며

저 하나하나 광명 가운데
나타나는 연꽃 말할 수 없어
저 하나하나 연꽃 속마다
말할 수 없이 많은 꽃잎이 있고

앞에서 하나의 작은 터럭 끝에 여래가 있고, 여래의 몸에
모공이 있고, 모공마다 광명이 있었다. 정보 가운데서 의보
를 나타내는데 연꽃의 광명을 보이는 내용이 그 하나하나의
광명에서 시작한다. "저 하나하나 광명 가운데 나타나는 연
꽃이 말할 수 없이 많으며 저 하나하나 연꽃 속마다 말할 수
없이 많은 꽃잎이 있고" 등 이와 같이 끝없이 이어진다. 부처
님의 정보, 즉 몸의 과보에서 누리는 의보를 어찌 다 설명할
수 있겠는가. 그저 말할 수 없이 말할 수 없을 뿐이다.

불 가 설 화 중 엽 중　　　각 현 색 상 불 가 설
不可說華衆葉中에　　　**各現色相不可說**이며

피 불 가 설 제 색 내　　　부 현 중 엽 불 가 설
彼不可說諸色內에　　　**復現衆葉不可說**이며

말할 수 없이 많은 연꽃의 꽃잎 중에
나타내는 색상 말할 수 없으며
말할 수 없이 많은 색상들 속에
다시 또 온갖 꽃잎 말할 수 없고

엽 중 광 명 불 가 설 　　　　광 중 색 상 불 가 설
葉中光明不可說이며　　　光中色相不可說이며

차 불 가 설 색 상 중 　　　　일 일 현 광 불 가 설
此不可說色相中에　　　一一現光不可說이며

잎 속의 광명도 말할 수 없고
광명 속의 색상도 말할 수 없어
말할 수 없는 색상들 속마다
하나하나 나타내는 광명 말할 수 없고

광 중 현 월 불 가 설 　　　　월 부 현 월 불 가 설
光中現月不可說이며　　　月復現月不可說이며

어 불 가 설 제 월 중 　　　　일 일 현 광 불 가 설
於不可說諸月中에　　　一一現光不可說이며

광명 속에 나타난 달도 말할 수 없고
달 속에 다시 있는 달 말할 수 없어
말할 수 없이 많은 모든 달마다
하나하나 나타내는 광명을 말할 수 없고

어피일일광명내　　부현어일불가설
於彼一一光明內에　　復現於日不可說이며

어불가설제일중　　일일현색불가설
於不可說諸日中에　　一一現色不可說이며

저러한 하나하나 광명 속에서
다시 또 해[日]를 나타냄이 말할 수 없고
말할 수 없는 모든 해에서
낱낱이 나타내는 색상 말할 수 없고

어피일일제색내　　우현광명불가설
於彼一一諸色內에　　又現光明不可說이며

어피일일광명내　　현불가설사자좌
於彼一一光明內에　　現不可說獅子座하니

저러한 하나하나 색상 속마다

광명을 또 나타내어 말할 수 없고

저 낱낱 광명 속에서

말할 수 없이 많은 사자좌를 나타내는데

일 일 엄 구 불 가 설　　　일 일 광 명 불 가 설
一一嚴具不可說이며　　一一光明不可說이며

광 중 묘 색 불 가 설　　　색 중 정 광 불 가 설
光中妙色不可說이며　　色中淨光不可說이며

하나하나 장엄거리를 말할 수 없고

하나하나 광명도 말할 수 없어

광명 속의 묘한 빛깔 말할 수 없고

빛깔 속의 맑은 광명 말할 수 없어

어 피 일 일 정 광 내　　　부 현 종 종 묘 광 명
於彼一一淨光內에　　　復現種種妙光明이며

차 광 부 현 종 종 광　　　불 가 언 설 불 가 설
此光復現種種光하니　　不可言說不可說이며

하나하나 깨끗한 저 광명 속에
또다시 가지가지 묘한 광명 나타내어
이 광명 또다시 여러 광명 나타내니
말할 수 없이 말할 수 없도다.

여 시 종 종 광 명 내　　　　각 현 묘 보 여 수 미
如是種種光明內에　　**各現妙寶如須彌**하니

일 일 광 중 소 현 보　　　　불 가 언 설 불 가 설
一一光中所現寶가　　**不可言說不可說**이로다

이와 같은 가지가지 광명 속에서
각각 보배 나타냄이 수미산 같아
하나하나 광명 속에 나타난 보배
말할 수 없이 말할 수 없도다.

　광명에서 연꽃으로, 연꽃에서 꽃잎으로, 꽃잎에서 색상으로, 색상에서 다시 광명으로, 광명에서 달로, 달에서 해로, 해에서 색상으로, 색상에서 광명으로, 광명에서 사자좌로, 사자좌에서 사자좌의 장엄구로, 장엄구에서 다시 광명으로,

광명에서 색상으로, 색상에서 다시 광명으로 그야말로 중중
중중 중중하고 무진 무진 무진하여 부처님의 정보에서 나타
난 의보를 오직 말할 수 없이 말할 수 없을 뿐이다.

2〉 정토의 작용을 보이다

피 여 수 미 일 묘 보	현 중 찰 토 불 가 설
彼如須彌一妙寶_에	現衆刹土不可說_{이며}

진 수 미 보 무 유 여	시 현 찰 토 개 여 시
盡須彌寶無有餘_{하야}	示現刹土皆如是_{로다}

수미산 같은 크기의 한 보배에서
여러 세계 나타냄을 말할 수 없고
수미산 같은 보배 남김 없이 모두 다
나타내는 세계들 모두 그와 같도다.

부처님의 의보란 한마디로 말하면 불가사의한 청정 국토
다. 또는 정토淨土라고도 하는데 그 정토의 작용을 보이는
내용이다.

이 일 찰 토 말 위 진   일 진 색 상 불 가 설
以一刹土末爲塵하니   **一塵色相不可說**이며

중 찰 위 진 진 유 상   불 가 언 설 불 가 설
衆刹爲塵塵有相을   **不可言說不可說**이니

한 세계를 부수어 만든 먼지들
한 먼지의 색상을 말할 수 없고
여러 세계 먼지들의 그 많은 색상들
말할 수 없이 말할 수 없도다.

예컨대 산을 하나 부수어 작은 먼지를 만들었을 때 그 먼
지의 숫자가 얼마나 많겠는가. 지구를 부수어 먼지를 만들
었다면 그 먼지의 숫자는 또한 얼마나 되겠는가. 실로 말할
수 없이 말할 수 없다.

여 시 종 종 제 진 상   개 출 광 명 불 가 설
如是種種諸塵相에   **皆出光明不可說**이로다

이와 같은 여러 가지 모든 먼지들
제각기 내는 광명 말할 수 없도다.

이와 같이 많고 많은 모든 먼지의 색상들에서 모두 다 광명을 놓으니 그 광명이 또한 말할 수 없다.

(4) 의보 중에서 정보가 설법함을 나타내다

광 중 현 불 불 가 설
光中現佛不可說이며

불 소 설 법 불 가 설
佛所說法不可說이며

법 중 묘 게 불 가 설
法中妙偈不可說이며

문 게 득 해 불 가 설
聞偈得解不可說이며

광명에서 나타난 부처님 말할 수 없고
부처님이 설한 법문 말할 수 없고
법문 속의 묘한 게송 말할 수 없고
게송 듣고 생긴 지혜 말할 수 없도다.

한 세계를 부수어 작은 먼지를 만들고, 그 많은 먼지들의 색상에서 광명을 놓는데, 그 광명마다에서 부처님이 나타나 법을 설하시니, 그 설법 또한 말할 수 없도다. 낱낱 작은 먼지는 의보에 해당하고 광명 가운데서 나타난 부처님은 정보가 된다. 그 정보에서 법을 설한다. 설하시는 법 가운데 미

묘한 게송들 말할 수 없다. 그 게송을 듣고 생긴 지혜도 또한 말할 수 없다.

불가설해염념중　　　　현료진제불가설
不可說解念念中에　　**顯了眞諦不可說**이며

시현미래일체불　　　　상연설법무궁진
示現未來一切佛하야　**常演說法無窮盡**이로다

말할 수 없는 지혜로 생각 생각 가운데서
참된 이치[眞諦] 드러냄 말할 수 없고
오는 세상에 나타나실 여러 부처님
법문을 연설하심 끝이 없도다.

화엄경 4만 5천의 미묘한 게송을 듣고 지혜를 얻어 그 지혜로 참된 이치를 드러내니 그 이치로 인하여 미래에 한량없는 부처님이 출현한다. 미래의 많고 많은 부처님들이 다시 법을 연설함이 끝이 없다.

일 일 불 법 불 가 설　　　　종 종 청 정 불 가 설
一一佛法不可說이며　　**種種淸淨不可說**이며

출 묘 음 성 불 가 설　　　　전 정 법 륜 불 가 설
出妙音聲不可說이며　　**轉正法輪不可說**이며

낱낱 부처님 법 말할 수 없고

가지가지 청정함도 말할 수 없고

미묘하게 내는 음성 말할 수 없고

바른 법륜 굴리는 것도 말할 수 없네.

　미래의 일체 부처님이 설하시는 낱낱 불법이 말할 수 없
다. 그 설법 속의 가지가지 훌륭하고 뛰어난 내용 역시 말할
수 없다. 그 음성도, 정법의 법륜 굴리는 일도 역시 말할 수
없다.

어 피 일 일 법 륜 중　　　　연 수 다 라 불 가 설
於彼一一法輪中에　　**演修多羅不可說**이며

어 피 일 일 수 다 라　　　　분 별 법 문 불 가 설
於彼一一修多羅에　　**分別法門不可說**이며

저러한 하나하나 법륜 가운데

수다라 연설함 말할 수 없고
저러한 하나하나 수다라에서
분별하는 법문도 말할 수 없도다.

낱낱 법륜 가운데 경전 연설함을 또한 말할 수 없다. 낱낱 경전에서 법문을 분별함도 말할 수 없다. 이와 같이 말할 수 없다고 하면서 끊임없이 말하는 이치를 또한 말할 수 없다.

어 피 일 일 법 문 중   우 설 제 법 불 가 설
於彼一一法門中에   **又說諸法不可說**이며

어 피 일 일 제 법 중   조 복 중 생 불 가 설
於彼一一諸法中에   **調伏衆生不可說**이로다

저러한 하나하나 법문 가운데
모든 법문 또 설함을 말할 수 없고
저러한 하나하나 모든 법 중에
중생을 조복함도 말할 수 없네.

낱낱 법문 안에서 또 온갖 법을 연설함이 말할 수 없다. 실로 경전을 강설하다 보면 어떤 한 구절에서 부연하느라 가지를 치게 되고, 가지에서 다시 가지를 치고, 또다시 가지를 치는 일이 허다하다. 그래서 주제를 잊는 경우도 있다. 아무튼 그와 같은 낱낱 법문 가운데 중생을 교화하고 조복하는 일을 말할 수 없다. 앞의 산문에서 수를 헤아리는 124종의 숫자 가운데 "말할 수 없이 말할 수 없음이 한 말할 수 없이 말할 수 없음 제곱[轉]"이라고 하였다. 그 제곱은 끊임없이 반복되는 제곱이리라.

(5) 겁劫이 항상 있음을 나타내다

혹 부 어 일 모 단 처
或復於一毛端處에

불 가 설 겁 상 안 주
不可說劫常安住하며

여 일 모 단 여 실 연
如一毛端餘悉然하야

소 주 겁 수 개 여 시
所住劫數皆如是로다

혹은 다시 한 터럭 끝만 한 데에

말할 수 없는 겁이 항상 있나니

한 터럭 끝과 같이 다른 데도 모두 그러해

그러한 겁의 수효 다 이와 같도다.

작은 먼지 하나의 역사는 말할 수 없는 무수겁이다. 무수한 먼지 낱낱의 겁수 역시 말할 수 없이 많고 많은 무수겁이다.

(6) 중생을 조복함이 자재하다

기 심 무 애 불 가 설
其心無礙不可說이며

변 화 제 불 불 가 설
變化諸佛不可說이며

일 일 변 화 제 여 래
一一變化諸如來가

부 현 어 화 불 가 설
復現於化不可說이며

걸림 없는 그 마음 말할 수 없고

변화하신 부처님 말할 수 없고

낱낱이 변화한 모든 여래가

변화를 또 나타냄 말할 수 없네.

마음이 자재하여 걸림이 없어서 변화하여 나타난 부처님 말할 수 없이 많은데 낱낱이 변화한 모든 여래가 다시 또 변

화를 나타냄이 말할 수 없다.

피 불 법 력 불 가 설　　　피 불 분 신 불 가 설
彼佛法力不可說이며　　**彼佛分身不可說**이며

장 엄 무 량 불 가 설　　　왕 예 시 방 불 가 설
莊嚴無量不可說이며　　**往詣十方不可說**이며

저 부처님 법의 힘 말할 수 없고
저 부처님 분신分身도 말할 수 없고
한량없는 장엄도 말할 수 없고
시방세계 나아감도 말할 수 없네.

부처님의 법력이 말할 수 없어서 말할 수 없는 분신을 나
타내고, 다시 장엄을 한량없이 나타내어 시방세계에 두루
나아가신다.

주 행 국 토 불 가 설　　　관 찰 중 생 불 가 설
周行國土不可說이며　　**觀察眾生不可說**이며

청 정 중 생 불 가 설　　　　조 복 중 생 불 가 설
清淨衆生不可說이며　　**調伏衆生不可說**이며

여러 국토 다니는 일 말할 수 없고

중생을 관찰함도 말할 수 없고

중생을 청정케 함도 말할 수 없고

중생을 조복함도 말할 수 없네.

말할 수 없는 시방국토에 두루 나아가면서 중생들을 관찰한다. 그리고 중생들을 청정하게 하고 조복하고 교화한다. 그 또한 말할 수 없다.

피 제 장 엄 불 가 설　　　　피 제 신 력 불 가 설
彼諸莊嚴不可說이며　　**彼諸神力不可說**이며

피 제 자 재 불 가 설　　　　피 제 신 변 불 가 설
彼諸自在不可說이며　　**彼諸神變不可說**이며

여러 가지 장엄 말할 수 없고

저 모든 신통한 힘 말할 수 없고

여러 가지 자재함도 말할 수 없고

여러 가지 신통변화 말할 수 없네.

소유 신통 불가설　　　소유 경계 불가설
所有神通不可說이며　**所有境界不可說**이며

소유 가지 불가설　　　소주 세간 불가설
所有加持不可說이며　**所住世間不可說**이며

갖고 있는 신통 말할 수 없고

갖고 있는 경계도 말할 수 없고

갖고 있는 가피[加持]함도 말할 수 없고

세간에 머무름도 말할 수 없네.

변화하여 나타난 분신 부처님의 장엄과 위신력과 자재함
과 신통변화와 신통과 경계와 가피와 세간에 머무름 등을
모두 말할 수 없다.

청정 실상 불가설　　　설 수 다 라 불가설
清淨實相不可說이며　**說修多羅不可說**이며

어 피 일 일 수 다 라　　　연 설 법 문 불 가 설
於彼一一修多羅에　　**演說法門不可說**이며

청정한 실상 말할 수 없고
말씀하신 수다라를 말할 수 없고
저러한 하나하나 수다라에
연설하신 법문도 말할 수 없네.

청정한 실상과 실상을 밝히는 수다라와 수다라에서 법
문을 연설함을 또한 말할 수 없다.

어 피 일 일 법 문 중　　　우 설 제 법 불 가 설
於彼一一法門中에　　**又說諸法不可說**이며

어 피 일 일 제 법 중　　　소 유 결 정 불 가 설
於彼一一諸法中에　　**所有決定不可說**이며

저러한 하나하나 법문 가운데
또 온갖 법을 설함을 말할 수 없고
저러한 하나하나 모든 법 가운데
갖고 있는 분명한[決定] 뜻 말할 수 없네.

낱낱 법문 가운데 다시 온갖 법을 연설함과 낱낱 법문 가운데 분명한 뜻을 또한 말할 수 없다.

어피일일결정중　　　조복중생불가설
於彼一一決定中에　　**調伏衆生不可說**이며

불가언설동류법　　　불가언설동류심
不可言說同類法이며　　**不可言說同類心**이며

하나하나 결정한 저 뜻 가운데
중생을 조복함을 말할 수 없고
같은 종류 법들을 말할 수 없고
같은 종류 마음을 말할 수 없네.

하나하나 분명한 뜻에서 중생을 조복하고 교화함을 말할 수 없는데 같은 종류의 법이나 같은 종류의 마음들 또한 말할 수 없다.

불가언설이류법　　　불가언설이류심
不可言說異類法이며　　**不可言說異類心**이며

불 가 언 설 이 류 근   불 가 언 설 이 류 어
不可言說異類根이며   **不可言說異類語**며

다른 종류 법들을 말할 수 없고

다른 종류 마음을 말할 수 없고

다른 종류 근기를 말할 수 없고

다른 종류 언어를 말할 수 없네.

다른 종류 법들과 다른 종류 마음과 다른 종류 근기와
다른 종류 언어를 또한 낱낱이 말할 수 없다.

염 념 어 제 소 행 처   조 복 중 생 불 가 설
念念於諸所行處에   **調伏衆生不可說**이며

소 유 신 변 불 가 설   소 유 시 현 불 가 설
所有神變不可說이며   **所有示現不可說**이며

생각 생각 다니는 모든 곳에서

중생을 조복함을 말할 수 없고

갖고 있는 신통변화 말할 수 없고

나타내 보임도 말할 수 없네.

순간순간 온갖 곳을 다니는데 일일이 다 중생을 조복함을 말할 수 없고, 신통변화를 나타내 보이는 것도 모두 말할 수 없다.

어 중 시 겁 불 가 설   어 중 차 별 불 가 설
於中時劫不可說이며   **於中差別不可說**을

보 살 실 능 분 별 설   제 명 산 자 막 능 변
菩薩悉能分別說이언정   **諸明算者莫能辨**이로다

그 가운데 시간과 겁을 말할 수 없고

그 가운데 차별을 말할 수 없음을

보살이 분별하여 능히 다 말하지만

산수에 능한 이 분별하지 못하도다.

길고 긴 시간과 그 시간 속의 온갖 차별을 보살은 능히 분별하여 연설하지만 세속의 수학자나 천문학자나 과학자들은 알지 못하고 분별하지 못한다.

(7) 한량없는 몸과 국토가 보현행의 장소다

일 모 단 처 대 소 찰
一毛端處大小刹과

잡 염 청 정 추 세 찰
雜染淸淨麤細刹에

여 시 일 체 불 가 설
如是一切不可說을

일 일 명 료 가 분 별
一一明了可分別이로다

한 터럭 끝에 있는 크고 작은 세계
물들고 깨끗하고 굵고 미세한 세계
이와 같은 말할 수 없는 여러 세계들
낱낱이 분명하게 분별하도다.

화엄경에서는 일체 존재의 하나와 전체, 전체와 하나가
서로서로 융화하고 조화를 이루면서도 또한 뒤섞여 혼잡하
지 않고 개별적으로 독립해서 존재하는 이치를 잘 나타낸
다. 그것을 법성게에서는 "하나 가운데 모든 것 있고 모든
것 가운데 하나가 있으며, 하나가 곧 모든 것이고 모든 것이
곧 하나이다. 하나의 먼지 속에 시방세계가 있고 일체의 먼
지 속에도 또한 다시 그와 같다."[2]라고 하였다.

한 터럭 끝에 큰 세계 작은 세계, 물든 세계 청정한 세계,
굵은 세계 미세한 세계 등 온갖 세계가 다 있음을 말할 수 없

다. 이러한 세계들이 서로 조화를 이루면서 또한 개별적으로 자신의 자리를 유지하고 있다. 밤하늘의 저 무수한 별의 세계들이 저와 같이 있으면서 서로 충돌하지 않고 알맞은 거리를 유지하여 움직이며 활동한다. 우리들 인체 속 1백 조의 세포들 또한 그와 같다.

이 일 국 토 쇄 위 진
以一國土碎爲塵하니
기 진 무 량 불 가 설
其塵無量不可說이어든

여 시 진 수 무 변 찰
如是塵數無邊刹이
구 래 공 집 일 모 단
俱來共集一毛端이로다

한 국토를 부수어 만든 먼지들
그 먼지 한량없어 말할 수 없고
이러한 먼지 수의 끝없는 세계
모두 와서 한 터럭 끝에 모이었도다.

예컨대 한 국토를 부수어 먼지를 만들었을 때 그 먼지의

---

2) 一中一切多中一 一卽一切多卽一 一微塵中含十方 一切塵中亦如是.

숫자 한량없이 많고 말할 수 없이 많은데 그와 같은 먼지 수의 세계들이 한 터럭 끝에 다 있다. 실로 하나의 작은 먼지 속에 시방세계가 다 있다.

차 제 국 토 불 가 설   공 집 모 단 무 박 애
此諸國土不可說이   **共集毛端無迫隘**하야

불 사 모 단 유 증 대   이 피 국 토 구 래 집
不使毛端有增大호대   **而彼國土俱來集**이로다

말할 수 없이 많은 여러 세계가
한 터럭 끝에 모여도 비좁지 않고
터럭 끝이 커진 것도 아니지마는
저 많은 국토들이 모두 모였네.

하나의 먼지 속에 시방세계를 다 넣어도 시방세계는 조금도 비좁지 않다. 그렇다고 해서 그 작은 먼지가 시방세계를 수용할 정도로 커진 것은 아니다. 시방세계도 그 모양 그대로 있고 작은 먼지도 그 모양 그대로 있으면서 서로서로 원융하게 모아 들인다. 하나와 많은 것이 서로 수용하는 사

사무애事事無礙의 이치이다.

어 중 소 유 제 국 토　　　　형 상 여 본 무 잡 란
於中所有諸國土가　　**形相如本無雜亂**이며

여 일 국 토 불 란 여　　　　일 체 국 토 개 여 시
如一國土不亂餘하야　**一切國土皆如是**로다

그 속에 모여 있는 모든 국토들

형상이 여전하여 뒤섞이지 않고

한 국토가 다른 것에 섞이지 않는 것처럼

일체 모든 국토들이 다 이와 같도다.

작은 먼지 속에 있는 시방세계가 그 형상 그대로 있어서

뒤섞이거나 어지럽지 않다. 한 먼지 속에서 그렇듯이 모든

먼지 속에서도 그와 똑같다.

허 공 경 계 무 변 제　　　　실 포 모 단 사 충 만
虛空境界無邊際를　　**悉布毛端使充滿**하야

여 시 모 단 제 국 토　　　보 살 일 념 개 능 설
如是毛端諸國土를　　　**菩薩一念皆能說**이로다

허공의 경계가 끝 간 데 없음을

터럭 끝에 다 펴서 채운다 해도

이러한 터럭 끝마다 모든 국토를

보살이 한 생각에 능히 다 말하네.

허공이 아무리 넓고 넓어서 끝이 없다 하더라도 그것을
모두 하나의 털끝에 넣어 다 채우고, 하나의 털끝에서 그렇
듯이 일체 모든 털끝에서도 그와 같음을 보살이 한 생각에
다 설한다. 즉 그 넓고 많은 허공 경계를 한순간에 남김없이
모두 설하여 마친다.

어 일 미 세 모 공 중　　　불 가 설 찰 차 제 입
於一微細毛孔中에　　　**不可說刹次第入**이어든

모 공 능 수 피 제 찰　　　제 찰 불 능 변 모 공
毛孔能受彼諸刹호대　　　**諸刹不能徧毛空**이로다

한 개의 미세한 모공 가운데

말할 수 없는 세계 차례로 들어가니
모공은 모든 세계 받아 넣지만
모든 세계는 모공에 두루 하지 못하네.

작은 먼지 속이나 터럭 끝이나 모공이나 모두 같은 의미
다. 그 작고 작은 곳에 말할 수 없이 많은 세계가 들어가도
작은 먼지 속이나 터럭 끝이나 모공이 꽉 차거나 비집고 나
오거나 터져 버리지 않는다. 모공은 아직도 텅텅 비어 있어
서 얼마든지 더 들어갈 곳이 있다. 이미 들어간 세계의 천 배
만 배가 더 들어가도 여전히 공간이 남는다. 모공도 공이고
세계도 공이기 때문에 넓고 좁음이나 많고 적음이 서로 장애
가 없다.

입 시 겁 수 불 가 설   수 시 겁 수 불 가 설
入時劫數不可說이며   **受時劫數不可說**이며

어 차 항 렬 안 주 시   일 체 제 겁 무 능 설
於此行列安住時에   **一切諸劫無能說**이로다

들어갈 때 겁劫의 수효 말할 수 없고

받아들일 때 겁의 수효 말할 수 없어
여기에서 줄을 지어 머무를 적에
일체 모든 겁을 말할 수 없네.

공간만 말할 수 없는 것이 아니라 시간도 역시 말할 수 없어서 모공 속에 세계가 들어갈 때나 그 세계를 모공이 받아들일 때나 항상 말할 수 없다. 시간성도 공간성과 함께 다 같이 공이기 때문에 길고 짧음이 텅 비어 처음부터 없는 이치이다.

여 시 섭 수 안 주 이　　소 유 경 계 불 가 설
如是攝受安住已에　　**所有境界不可說**이며

입 시 방 편 불 가 설　　입 이 소 작 불 가 설
入時方便不可說이며　　**入已所作不可說**이로다

이와 같이 섭수하여 머무른 뒤에
갖고 있는 경계를 말할 수 없고
들어갈 때 방편도 말할 수 없고
들어가서 짓는 일도 말할 수 없네.

하나의 미세한 모공 속에 말할 수 없이 많은 세계가 차례대로 들어가서 편안히 머무는데 그 경계와 들어갈 때의 방편과 들어가서 하는 일을 모두모두 말할 수 없다.

(8) 삼업三業의 부지런한 행行

의 근 명 료 불 가 설 **意根明了不可說**이며	유 력 제 방 불 가 설 **遊歷諸方不可說**이며
용 맹 정 진 불 가 설 **勇猛精進不可說**이며	자 재 신 변 불 가 설 **自在神變不可說**이며

의근意根이 분명함을 말할 수 없고
여러 방위 다님도 말할 수 없고
용맹하게 정진함도 말할 수 없고
자유로운 신통변화 말할 수 없네.

미세한 모공 속에 들어갈 때의 세계는 언제나 중생과 보살들과 부처님이 함께한다. 여기에 삼업의 부지런한 행이란 부처님과 보살들의 중생을 위한 행이다. 아승지품에서는 부처님의 위대한 덕을 나타내는 숫자로서 일체가 모두 말할 수 없다는 것을 표현하였다. 우리들 진여자성의 본래 갖춘 덕을 어찌 말로 설명할 수 있겠는가. 마음이 명료하여 여러 곳을 다니면서 용맹하게 정진하고 자유자재한 신통변화를 나타내 보이는 것을 모두 말할 수 없다.

소 유 사 유 불 가 설
所有思惟不可說이며

소 유 대 원 불 가 설
所有大願不可說이며

소 유 경 계 불 가 설
所有境界不可說이며

일 체 통 달 불 가 설
一切通達不可說이며

그 가운데 생각함 말할 수 없고

그 가운데 큰 서원도 말할 수 없고

거기 있는 경계도 말할 수 없고

온갖 것 통달함도 말할 수 없네.

용맹한 정진과 신통변화뿐만 아니라 사유와 큰 서원과 경계와 통달함 역시 말할 수 없다.

신 업 청 정 불 가 설
身業淸淨不可說이며

어 업 청 정 불 가 설
語業淸淨不可說이며

의 업 청 정 불 가 설
意業淸淨不可說이며

신 해 청 정 불 가 설
信解淸淨不可說이며

몸의 업이 청정함을 말할 수 없고

말하는 업이 청정함을 말할 수 없고

마음의 업이 청정함을 말할 수 없고

믿고 이해함이 청정함을 말할 수 없네.

부처님 몸의 업이 청정함과 말의 업이 청정함과 뜻의 업이
청정함과 믿고 이해함이 청정함을 역시 말할 수 없다. 사람
사람이 본래 갖추고 있는 진여불성의 모든 것은 일체가 청정
하여 말로 다 설명할 수가 없다. 참마음, 참사람, 참생명, 참
나의 본래 갖춘 무한한 공덕은 처음부터 말할 수 없는 경지
이다. 그리고 그것은 누구에게나 차별이 없다.

묘 지 청 정 불 가 설
妙智淸淨不可說이며

묘 혜 청 정 불 가 설
妙慧淸淨不可說이며

요 제 실 상 불 가 설
了諸實相不可說이며

단 제 의 혹 불 가 설
斷諸疑惑不可說이며

묘한 슬기[智] 청정함을 말할 수 없고

묘한 지혜[慧] 청정함을 말할 수 없고

모든 실상實相 이해함을 말할 수 없고

모든 의혹 끊는 일을 말할 수 없네.

우리들이 본래 갖춘 묘한 슬기[智]는 청정하여 말할 수 없다. 또 본래로 갖춘 묘한 지혜[慧]도 청정하여 말할 수 없다. 모든 존재의 실상實相을 이해하는 것도 말할 수 없다. 그뿐만 아니라 모든 의혹을 끊는 일도 참마음, 참사람, 진여불성에게는 말할 수 없다.

출 리 생 사 불 가 설
出離生死不可說이며

초 승 정 위 불 가 설
超昇正位不可說이며

심 심 삼 매 불 가 설
甚深三昧不可說이며

요 달 일 체 불 가 설
了達一切不可說이로다

생사生死를 벗어남을 말할 수 없고

정위正位에 올라감을 말할 수 없고

매우 깊은 삼매를 말할 수 없고

일체를 통달함도 말할 수 없네.

생사를 벗어나는 일이나 대열반에 드는 일[正位]이나 깊은

삼매에 드는 일이나 일체 법을 통달하는 일 등을 모두 말할

수 없다.

(9) 그릇에 따라 중생을 섭수攝受하다

일 체 중 생 불 가 설　　　　일 체 불 찰 불 가 설
一切衆生不可說이며　　　一切佛刹不可說이며

지 중 생 신 불 가 설　　　　지 기 심 락 불 가 설
知衆生身不可說이며　　　知其心樂不可說이며

일체 중생들을 말할 수 없고

일체 부처님 세계 말할 수 없고

중생의 몸을 아는 일을 말할 수 없고

그들 마음에 좋아하는 것을 아는 것도 말할 수 없네.

부처님이 중생을 교화하는 데는 중생들의 수가 얼마나 되는지를 알아야 하고 중생들이 사는 세계가 얼마나 되는지를 알아야 하고 중생들의 몸이나, 마음에 좋아하는 것이 무엇인지를 다 알아야 하기 때문이다. 부처님이 그 모든 것을 아는 것을 말할 수 없다. 실로 한 중생의 모든 세계는 미묘 불가사의하여 말할 수 없다.

지 기 업 과 불 가 설
知其業果不可說이며

지 기 의 해 불 가 설
知其意解不可說이며

지 기 품 류 불 가 설
知其品類不可說이며

지 기 종 성 불 가 설
知其種性不可說이며

업業과 과보果報 아는 일을 말할 수 없고
그 뜻을 아는 일을 말할 수 없고
그 종류 아는 일을 말할 수 없고
그 종성種性 아는 일도 말할 수 없네.

중생들의 업과 업의 과보와 뜻을 이해함과 중생들의 품류와 그들의 종성까지 일일이 아는 것을 말할 수 없다.

지 기 수 신 불 가 설　　지 기 생 처 불 가 설
知其受身不可說이며　知其生處不可說이며

지 기 정 생 불 가 설　　지 기 생 이 불 가 설
知其正生不可說이며　知其生已不可說이며

받는 몸 아는 일을 말할 수 없고
태어나는 처소를 말할 수 없고
바르게 태어남을 아는 것도 말할 수 없고
태어난 뒤를 아는 것도 말할 수 없네.

　중생이 받는 몸과 태어나는 처소와 바르게 태어남과 태
어난 뒤의 일을 낱낱이 아는 것 또한 불가사의하여 말할 수
없다.

지 기 해 료 불 가 설　　지 기 취 향 불 가 설
知其解了不可說이며　知其趣向不可說이며

지 기 언 어 불 가 설　　지 기 작 업 불 가 설
知其言語不可說이며　知其作業不可說이니

이해함을 아는 일을 말할 수 없고

나아갈 데를 아는 일을 말할 수 없고
그 말을 아는 일도 말할 수 없고
짓는 업業을 아는 일도 말할 수 없네.

중생들이 이해함과 나아감과 언어와 짓는 업을 아는 일을 말할 수 없다. 명철한 지혜로 관찰해 보면 일체사 미묘하고 불가사의하지 않은 것이 없다. 그러므로 그 불가사의함을 말할 수 없다.

보 살 여 시 대 자 비   이 익 일 체 제 세 간
菩薩如是大慈悲로   **利益一切諸世間**이로다

보살이 이와 같은 큰 자비로써
저 모든 세간世間을 이익하게 하네.

일체사가 미묘하고 불가사의함을 아는 것을 말할 수 없음은 모두 보살의 대자대비로써 일체 중생을 이익하게 하기 위한 것이다.

(10) 곳을 따라 부처님께 공양하다

보 현 기 신 불 가 설　　　　입 제 불 찰 불 가 설
普現其身不可說이며　　**入諸佛刹不可說**이며

견 제 보 살 불 가 설　　　　발 생 지 혜 불 가 설
見諸菩薩不可說이며　　**發生智慧不可說**이며

그 몸 두루 나타냄을 말할 수 없고
모든 세계 들어감을 말할 수 없고
여러 보살 보는 일을 말할 수 없고
지혜를 내는 것도 말할 수 없네.

말할 수 없이 무수한 몸을 나타내어 말할 수 없이 무수한 세계에 들어가서 말할 수 없이 무수한 보살을 친견하고 말할 수 없이 무수한 지혜를 낸다.

청 문 정 법 불 가 설　　　　부 양 불 교 불 가 설
請問正法不可說이며　　**敷揚佛教不可說**이며

현 종 종 신 불 가 설　　　　예 제 국 토 불 가 설
現種種身不可說이며　　**詣諸國土不可說**이며

바른 법 묻는 것을 말할 수 없고
불교를 널리 폄도 말할 수 없고
여러 몸을 나타냄도 말할 수 없고
여러 세계 나아감도 말할 수 없네.

말할 수 없이 무수한 바른 법을 묻고, 말할 수 없이 무수한 부처님의 가르침을 널리 펴고, 말할 수 없이 무수한 가지가지 몸을 나타내고, 말할 수 없이 무수한 국토에 나아간다.

시 현 신 통 불 가 설
示現神通不可說이며

보 변 시 방 불 가 설
普徧十方不可說이며

처 처 분 신 불 가 설
處處分身不可說이며

친 근 제 불 불 가 설
親近諸佛不可說이며

신통을 보이는 일 말할 수 없고
시방에 두루 함을 말할 수 없고
곳곳마다 분신함을 말할 수 없고
모든 부처님 친근함을 말할 수 없네.

말할 수 없이 무수한 신통을 나타내고, 말할 수 없이 무수한 시방세계에 널리 두루 하고, 말할 수 없이 무수한 곳곳에 몸을 나타내고, 말할 수 없이 무수한 모든 부처님을 친근한다.

작 제 공 구 불 가 설   종 종 무 량 불 가 설
作諸供具不可說이며   **種種無量不可說**이며

청 정 중 보 불 가 설   상 묘 련 화 불 가 설
淸淨衆寶不可說이며   **上妙蓮華不可說**이며

공양거리 마련함을 말할 수 없고
가지가지 한량없음 말할 수 없고
청정한 온갖 보배 말할 수 없고
가장 묘한 연꽃도 말할 수 없네.

말할 수 없이 무수한 공양구를 지어서 말할 수 없이 무수한 가지가지 한량없음과 말할 수 없이 무수한 청정한 보물과 말할 수 없이 무수한 가장 묘한 연꽃을 가진다.

최 승 향 만 불 가 설
最勝香鬘不可說이며

공 양 여 래 불 가 설
供養如來不可說이며

청 정 신 심 불 가 설
淸淨信心不可說이며

최 승 오 해 불 가 설
最勝悟解不可說이며

가장 좋은 향香과 화만華鬘 말할 수 없고

여래께 공양함을 말할 수 없고

청정한 믿는 마음 말할 수 없고

가장 나은 깨달음도 말할 수 없네.

말할 수 없이 무수한 가장 좋은 향과 화만을 가지고 말할 수 없이 무수한 여래께 공양하고, 말할 수 없이 무수한 청정한 신심으로 말할 수 없이 무수한 가장 수승한 깨달음을 얻는다.

증 상 지 락 불 가 설
增上志樂不可說이며

공 경 제 불 불 가 설
恭敬諸佛不可說이로다

늘어가는 즐거운 뜻 말할 수 없고

부처님께 공경함을 말할 수 없네.

또 말할 수 없이 무수한 높고 높은 즐거운 뜻으로 말할 수 없이 무수한 모든 부처님을 공경한다.

(11) 십바라밀을 널리 닦다

수 행 어 시 불 가 설
修行於施不可說이며

기 심 과 거 불 가 설
其心過去不可說이며

유 구 개 시 불 가 설
有求皆施不可說이며

일 체 실 시 불 가 설
一切悉施不可說이며

보시를 행하는 일 말할 수 없고
그 마음 지나간 일 말할 수 없고
구하는 대로 다 보시함을 말할 수 없고
모든 것을 다 보시함도 말할 수 없네.

보살이 십바라밀을 널리 닦는 일 가운데 먼저 보시다. 보시를 수행하는 일을 말할 수 없으며, 구하는 대로 보시하는 일을 말할 수 없으며, 일체를 다 보시하는 일도 말할 수 없다.

지계 청정 불가설　　　심 의 청정 불가설
持戒清淨不可說이며　　**心意清淨不可說**이며

찬 탄 제 불 불가설　　　애 락 정 법 불가설
讚歎諸佛不可說이며　　**愛樂正法不可說**이며

계행戒行이 청정함을 말할 수 없고

마음이 청정함을 말할 수 없고

부처님 찬탄함을 말할 수 없고

바른 법 좋아함을 말할 수 없네.

　다음은 지계다. 지계가 청정함을 말할 수 없고, 지계가 청정하므로 그 마음이 청정함을 말할 수 없고, 모든 부처님을 찬탄함과 정법을 좋아함을 말할 수 없다.

성 취 제 인 불가설　　　무 생 법 인 불가설
成就諸忍不可說이며　　**無生法忍不可說**이며

구 족 적 정 불가설　　　주 적 정 지 불가설
具足寂靜不可說이며　　**住寂靜地不可說**이며

참는 일 성취함을 말할 수 없고

생사生死 없는 지혜를 말할 수 없고

고요함 갖춘 일을 말할 수 없고

고요한 데 머무는 일 말할 수 없네.

다음은 인욕이다. 온갖 인욕을 성취하는 일이나 생사가
없는 지혜나 적정을 갖추는 일이나 적정한 경지에 머무는 일
을 말할 수 없다.

기 대 정 진 불 가 설　　　기 심 과 거 불 가 설
起大精進不可說이며　　**其心過去不可說**이며

불 퇴 전 심 불 가 설　　　불 경 동 심 불 가 설
不退轉心不可說이며　　**不傾動心不可說**이며

큰 정진 일으킴을 말할 수 없고

그 마음 지나간 일 말할 수 없고

물러나지 않는 마음 말할 수 없고

흔들리지 않는 마음 말할 수 없네.

다음은 정진이다. 큰 정진을 일으키고 지나간 마음과 물

러나지 않는 마음과 흔들리지 않는 마음을 말할 수 없다.

일 체 정 장 불 가 설 　　　관 찰 제 법 불 가 설
一切定藏不可說이며 　**觀察諸法不可說**이며

적 연 재 정 불 가 설 　　　요 달 제 선 불 가 설
寂然在定不可說이며 　**了達諸禪不可說**이며

일체 선정의 창고 말할 수 없고

모든 법 관찰함을 말할 수 없고

고요히 정定에 있음을 말할 수 없고

모든 선정 통달함을 말할 수 없네.

다음은 선정이다. 일체 선정과 모든 법을 관찰함과 고요
히 선정에 있음과 모든 선정을 깨달음을 말할 수 없다.

지 혜 통 달 불 가 설 　　　삼 매 자 재 불 가 설
智慧通達不可說이며 　**三昧自在不可說**이며

요 달 제 법 불 가 설 　　　명 견 제 불 불 가 설
了達諸法不可說이며 　**明見諸佛不可說**이며

지혜로 통달함을 말할 수 없고
삼매에 자재함을 말할 수 없고
모든 법 아는 것을 말할 수 없고
모든 부처님 밝게 봄을 말할 수 없네.

다음은 지혜다. 지혜로 통달함과 삼매에 자재함과 모든 법을 깨달음과 모든 부처님을 분명하게 친견함을 말할 수 없다.

수 무 량 행 불 가 설
修無量行不可說이며   발 광 대 원 불 가 설
發廣大願不可說이며

심 심 경 계 불 가 설
甚深境界不可說이며   청 정 법 문 불 가 설
淸淨法門不可說이며

한량없는 행 닦음을 말할 수 없고
광대한 서원 내는 일을 말할 수 없고
깊고 깊은 경계를 말할 수 없고
청정한 법문들도 말할 수 없네.

육바라밀의 수행과 함께 한량없는 수행과 큰 서원을 발함과 깊고 깊은 경계와 청정한 법문을 말할 수 없다.

보 살 법 력 불 가 설
菩薩法力不可說이며

보 살 법 주 불 가 설
菩薩法住不可說이며

피 제 정 념 불 가 설
彼諸正念不可說이며

피 제 법 계 불 가 설
彼諸法界不可說이며

보살의 법력法力을 말할 수 없고
보살의 법에 머무름을 말할 수 없고
저들의 모든 바른 생각 말할 수 없고
저들의 모든 법계法界 말할 수 없네.

보살의 법력法力과 보살의 법에 머무름과 저 모든 바른 생각과 저 모든 법계를 말할 수 없다.

수 방 편 지 불 가 설
修方便智不可說이며

학 심 심 지 불 가 설
學甚深智不可說이며

무 량 지 혜 불 가 설　　구 경 지 혜 불 가 설
無量智慧不可說이며　　**究竟智慧不可說**이며

방편 지혜 닦는 일 말할 수 없고

깊은 지혜 배우는 일 말할 수 없고

한량없는 지혜를 말할 수 없고

끝까지 이른 지혜 말할 수 없네.

방편 지혜를 닦는 일과 깊은 지혜를 배우는 일과 한량없

는 지혜와 끝까지 이른 지혜를 말할 수 없다.

피 제 법 지 불 가 설　　피 정 법 륜 불 가 설
彼諸法智不可說이며　　**彼淨法輪不可說**이며

피 대 법 운 불 가 설　　피 대 법 우 불 가 설
彼大法雲不可說이며　　**彼大法雨不可說**이며

저 모든 법의 지혜 말할 수 없고

청정한 법륜도 말할 수 없고

저 큰 법의 구름도 말할 수 없고

저 큰 법의 비도 말할 수 없네.

저 모든 법의 지혜와 청정한 법륜과 저 큰 법의 구름과 저 큰 법의 비를 말할 수 없다.

피 제 신 력 불 가 설
彼諸神力不可說이며

피 제 방 편 불 가 설
彼諸方便不可說이며

입 공 적 지 불 가 설
入空寂智不可說이며

염 념 상 속 불 가 설
念念相續不可說이며

저 모든 신통의 힘 말할 수 없고
저 모든 방편들을 말할 수 없고
공적한 지혜에 들어감을 말할 수 없고
생각 생각 계속함을 말할 수 없네.

저 모든 신통의 힘과 저 모든 방편들과 공적한 지혜에 들어감과 생각 생각 계속함을 말할 수 없다.

무 량 행 문 불 가 설
無量行門不可說이며

염 념 항 주 불 가 설
念念恒住不可說이로다

한량없는 수행修行의 문 말할 수 없고
생각 생각 머무름을 말할 수 없네.

또한 한량없는 수행의 문을 말할 수 없고 생각 생각 머무름을 말할 수 없다.

(12) 세계마다 자재함을 밝히다

제 불 찰 해 불 가 설　　　실 능 왕 예 불 가 설
諸佛刹海不可說이며　　**悉能往詣不可說**이며

제 찰 차 별 불 가 설　　　종 종 청 정 불 가 설
諸刹差別不可說이며　　**種種清淨不可說**이며

모든 부처님의 세계해를 말할 수 없고
거기마다 나아감을 말할 수 없고
모든 세계의 차별함을 말할 수 없고
가지가지 청정함도 말할 수 없네.

세계마다 자재함을 밝히는 내용이다. 모든 부처님의 세계바다와 거기마다 나아감과 모든 세계의 차별함과 가지가지가 청정함을 말할 수 없다.

차 별 장 엄 불 가 설   무 변 색 상 불 가 설
差別莊嚴不可說이며   **無邊色相不可說**이며

종 종 간 착 불 가 설   종 종 묘 호 불 가 설
種種間錯不可說이며   **種種妙好不可說**이며

차별한 장엄들을 말할 수 없고

그지없는 색상들을 말할 수 없고

가지가지 섞인 것을 말할 수 없고

가지가지 기묘함도 말할 수 없네.

차별한 장엄들과 그지없는 색상들과 가지가지 섞인 것과 가지가지 기묘한 것을 말할 수 없다. 깨달음의 안목으로 보는 세계는 언제나 이와 같다.

청 정 불 토 불 가 설   잡 염 세 계 불 가 설
淸淨佛土不可說이며   **雜染世界不可說**이로다

청정한 부처님 국토 말할 수 없고
물든 세계들도 말할 수 없네.

청정한 부처님 국토와 물들고 뒤섞인 세계들도 말할 수
없다.

(13) 중생들을 조복하다

요 지 중 생 불 가 설   　지 기 종 성 불 가 설
了知衆生不可說이며　**知其種性不可說**이며

지 기 업 보 불 가 설　　지 기 심 행 불 가 설
知其業報不可說이며　**知其心行不可說**이며

중생들을 잘 앎을 말할 수 없고
그 종성種性을 아는 것을 말할 수 없고
그 업보業報를 아는 것을 말할 수 없고
마음과 행을 아는 것을 말할 수 없네.

다시 깨달음의 안목으로 보는 중생들의 세계다. 중생들
을 잘 아는 것과 그들의 종성을 아는 것과 그들의 업보를 아

는 것과 마음과 행을 아는 것을 말할 수 없다.

지 기 근 성 불 가 설
知其根性不可說이며

지 기 해 욕 불 가 설
知其解欲不可說이며

잡 염 청 정 불 가 설
雜染淸淨不可說이며

관 찰 조 복 불 가 설
觀察調伏不可說이며

근성根性을 아는 것을 말할 수 없고

지혜 욕망 아는 것을 말할 수 없고

더럽고 청정함을 말할 수 없고

관찰하고 조복함도 말할 수 없네.

중생들의 근성根性을 아는 것과 지혜와 욕망을 아는 것과
더럽고 청정함과 관찰하고 조복함을 말할 수 없다.

변 화 자 재 불 가 설
變化自在不可說이며

현 종 종 신 불 가 설
現種種身不可說이며

수 행 정 진 불 가 설
修行精進不可說이며

도 탈 중 생 불 가 설
度脫衆生不可說이며

변화가 자재함을 말할 수 없고
온갖 몸 나타냄을 말할 수 없고
수행하고 정진함을 말할 수 없고
중생을 제도함을 말할 수 없네.

또 변화가 자재함과 온갖 몸을 나타냄과 수행하고 정진
함과 중생을 제도하는 일을 말할 수 없다.

시 현 신 변 불 가 설
示現神變不可說이며

방 대 광 명 불 가 설
放大光明不可說이며

종 종 색 상 불 가 설
種種色相不可說이며

영 중 생 정 불 가 설
令衆生淨不可說이로다

신통변화 나타냄을 말할 수 없고
큰 광명 놓는 일을 말할 수 없고
가지가지 색상들을 말할 수 없고
중생을 깨끗하게 함도 말할 수 없네.

신통변화 나타내는 일과 큰 광명 놓는 일과 가지가지 색

상과 중생을 깨끗하게 함을 말할 수 없다.

(14) 삼업三業이 깊고 청정함을 밝히다

일 일 모 공 불 가 설
一一毛孔不可說이며

방 광 명 망 불 가 설
放光明網不可說이며

광 망 현 색 불 가 설
光網現色不可說이며

보 조 불 찰 불 가 설
普照佛刹不可說이며

하나하나 모공을 말할 수 없고

광명그물 놓는 일을 말할 수 없고

광명에서 내는 빛을 말할 수 없고

부처 세계 비추는 일 말할 수 없네.

삼업이 깊고 청정함을 밝히는 내용이다. 하나하나의 모
공과 광명그물 놓는 일과 광명에서 내는 빛과 부처님 세계
비추는 일을 말할 수 없다.

용 맹 무 외 불 가 설
勇猛無畏不可說이며

방 편 선 교 불 가 설
方便善巧不可說이며

조 복 중 생 불 가 설　　　영 출 생 사 불 가 설
調伏衆生不可說이며　　**令出生死不可說**이며

용맹하여 두렵지 않음을 말할 수 없고

방편이 공교함을 말할 수 없고

중생을 조복함을 말할 수 없고

생사에서 벗어남을 말할 수 없네.

용맹하여 두렵지 않음과 방편이 공교함과 중생을 조복

함과 생사에서 벗어남을 말할 수 없다.

청 정 신 업 불 가 설　　　청 정 어 업 불 가 설
淸淨身業不可說이며　　**淸淨語業不可說**이며

무 변 의 업 불 가 설　　　수 승 묘 행 불 가 설
無邊意業不可說이며　　**殊勝妙行不可說**이며

청정한 몸의 업業을 말할 수 없고

청정한 말의 업을 말할 수 없고

그지없는 뜻의 업을 말할 수 없고

수승하고 묘한 행을 말할 수 없네.

청정한 몸의 업業과 청정한 말의 업과 그지없는 뜻의 업과 수승하고 미묘한 행을 말할 수 없다.

성 취 지 보 불 가 설
成就智寶不可說이며

심 입 법 계 불 가 설
深入法界不可說이며

보 살 총 지 불 가 설
菩薩總持不可說이며

선 능 수 학 불 가 설
善能修學不可說이며

지혜 보배 성취함을 말할 수 없고
법계에 들어감을 말할 수 없고
보살의 모두 지님[總持]을 말할 수 없고
닦고 배움 잘하는 일 말할 수 없네.

지혜의 보배를 성취함과 법계에 들어감과 보살의 모두 지님[總持]과 닦고 배움 잘하는 일을 말할 수 없다.

지 자 음 성 불 가 설
智者音聲不可說이며

음 성 청 정 불 가 설
音聲淸淨不可說이며

정념진실불가설　　　개오중생불가설
正念眞實不可說이며　　**開悟衆生不可說**이며

지혜로운 이의 음성을 말할 수 없고
음성의 청정함을 말할 수 없고
바른 생각 진실함을 말할 수 없고
중생을 깨우침도 말할 수 없네.

지혜로운 이의 음성과 음성의 청정함과 바른 생각이 진실
함과 중생을 깨우침을 말할 수 없다.

구족위의불가설　　　청정수행불가설
具足威儀不可說이며　　**淸淨修行不可說**이며

성취무외불가설　　　조복세간불가설
成就無畏不可說이며　　**調伏世間不可說**이며

위의를 갖추는 일 말할 수 없고
청정하게 수행함을 말할 수 없고
두려움 없음 성취함을 말할 수 없고
세간을 조복함도 말할 수 없네.

三十. 아승지품阿僧祇品

위의를 갖추는 일과 청정하게 수행하는 일과 두려움 없음을 성취하는 일과 세간을 조복하는 일을 말할 수 없다.

제 불 자 중 불 가 설   청 정 승 행 불 가 설
諸佛子衆不可說이며   **淸淨勝行不可說**이며

칭 탄 제 불 불 가 설   찬 양 무 진 불 가 설
稱歎諸佛不可說이며   **讚揚無盡不可說**이며

모든 불자 여러 대중을 말할 수 없고
청정하고 훌륭한 행 말할 수 없고
모든 부처님 찬탄함을 말할 수 없고
끝없이 칭찬함을 말할 수 없네.

모든 불자 여러 대중과 청정하고 훌륭한 행과 모든 부처님 찬탄함과 끝없이 칭찬함을 말할 수 없다.

세 간 도 사 불 가 설   연 설 찬 탄 불 가 설
世間導師不可說이   **演說讚歎不可說**이로다

세상의 안내자를 말할 수 없고
연설하고 찬탄함을 말할 수 없도다.

세상의 안내자[導師]들과 그들이 연설하고 찬탄함을 말할 수 없다.

(15) 원력과 지혜가 자재함을 밝히다

피 제 보 살 불 가 설
彼諸菩薩不可說이며

청 정 공 덕 불 가 설
淸淨功德不可說이며

피 제 변 제 불 가 설
彼諸邊際不可說이며

능 주 기 중 불 가 설
能住其中不可說이며

저 모든 보살들을 말할 수 없고
청정한 그 공덕을 말할 수 없고
저 모든 변제邊際를 말할 수 없고
그 가운데 머무는 일 말할 수 없네.

원력과 지혜가 자재함을 밝히는 내용이다. 저 모든 보살들과 보살들의 청정한 그 공덕과 그들의 저 모든 변제邊際와 그 가운데 머무는 일을 말할 수 없다.

주 중 지 혜 불 가 설
住中智慧不可說이며

진 제 겁 주 무 능 설
盡諸劫住無能說이며

흔 락 제 불 불 가 설
欣樂諸佛不可說이며

지 혜 평 등 불 가 설
智慧平等不可說이며

머무르는 지혜를 말할 수 없고

모든 겁에 머무름을 말할 수 없고

모든 부처님 반기는 일을 말할 수 없고

지혜가 평등함도 말할 수 없네.

보살들이 머무는 지혜와 모든 겁에 머무는 일과 모든 부
처님을 기쁘게 반기는 일과 지혜가 평등함을 말할 수 없다.

선 입 제 법 불 가 설
善入諸法不可說이며

어 법 무 애 불 가 설
於法無礙不可說이며

삼 세 여 공 불 가 설
三世如空不可說이며

삼 세 지 혜 불 가 설
三世智慧不可說이며

모든 법에 잘 들어감을 말할 수 없고
법에 대해 걸림 없음을 말할 수 없고
세 세상이 허공 같음을 말할 수 없고
세 세상 지혜들을 말할 수 없네.

모든 법에 잘 들어가는 일과 법에 대해 걸림 없음과 세 세
상이 허공 같음과 세 세상 지혜들을 말할 수 없다.

요 달 삼 세 불 가 설	주 어 지 혜 불 가 설
了達三世不可說이며	住於智慧不可說이며
수 승 묘 행 불 가 설	무 량 대 원 불 가 설
殊勝妙行不可說이며	無量大願不可說이며

세 세상 통달함을 말할 수 없고
지혜에 머무는 일 말할 수 없고
훌륭하고 묘한 행을 말할 수 없고
한량없는 큰 서원을 말할 수 없네.

세 세상을 통달함과 지혜에 머무는 일과 훌륭하고 묘한

행과 한량없는 큰 서원을 말할 수 없다.

청 정 대 원 불 가 설　　　성 취 보 리 불 가 설
淸淨大願不可說이며　　**成就菩提不可說**이며

제 불 보 리 불 가 설　　　발 생 지 혜 불 가 설
諸佛菩提不可說이며　　**發生智慧不可說**이며

청정한 큰 서원을 말할 수 없고

보리를 성취함을 말할 수 없고

모든 부처님의 보리를 말할 수 없고

지혜를 내는 일도 말할 수 없네.

청정한 큰 서원과 보리를 성취함과 모든 부처님의 보리와
지혜를 내는 일을 말할 수 없다.

분 별 의 리 불 가 설　　　지 일 체 법 불 가 설
分別義理不可說이며　　**知一切法不可說**이며

엄 정 불 찰 불 가 설　　　수 행 제 력 불 가 설
嚴淨佛刹不可說이며　　**修行諸力不可說**이며

이치를 분별함을 말할 수 없고

모든 법을 아는 일을 말할 수 없고

부처님 세계 장엄함을 말할 수 없고

모든 힘의 수행함을 말할 수 없네.

이치를 분별함과 모든 법을 아는 일과 부처님 세계 장엄
함과 모든 힘을 수행함을 말할 수 없다.

장 시 수 습 불 가 설　　　일 념 오 해 불 가 설
長時修習不可說이며　　一念悟解不可說이며

제 불 자 재 불 가 설　　　광 연 정 법 불 가 설
諸佛自在不可說이며　　廣演正法不可說이며

오랜 세월 수행함을 말할 수 없고

한 생각에 깨달음을 말할 수 없고

모든 부처님의 자재하심을 말할 수 없고

바른 법을 연설함을 말할 수 없네.

오랜 세월 동안 수행함과 한 생각에 깨달음과 모든 부처

님의 자재하심과 바른 법을 연설함을 낱낱이 말할 수 없다.

종종신력불가설　　　시현세간불가설
種種神力不可說이며　　**示現世間不可說**이며

청정법륜불가설　　　용맹능전불가설
淸淨法輪不可說이며　　**勇猛能轉不可說**이며

가지가지 신통한 힘을 말할 수 없고

세간에 나타나심을 말할 수 없고

청정한 법륜을 말할 수 없고

용맹하게 굴리는 일을 말할 수 없네.

가지가지 신통한 힘과 세간에 나타나심과 청정한 법륜
과 용맹하게 법륜 굴리는 일을 말할 수 없다.

종종개연불가설　　　애민세간불가설
種種開演不可說이며　　**哀愍世間不可說**이로다

가지가지 연설함을 말할 수 없고

세간을 가엾이 여김을 말할 수 없네.

가지가지 연설함과 세간을 가엾이 여김을 말할 수 없다.
원력과 지혜가 자재함이 이와 같다.

(16) 덕德이 다할 수 없음을 밝히다

불 가 언 설 일 체 겁   찬 불 가 설 제 공 덕
不可言說一切劫에   **讚不可說諸功德**호대

불 가 설 겁 유 가 진   불 가 설 덕 불 가 진
不可說劫猶可盡이어니와 **不可說德不可盡**이로다

말할 수 없는 여러 겁 동안

말할 수 없는 모든 공덕 찬탄할 적에

말할 수 없는 겁은 다할지언정

말할 수 없는 덕은 다할 수 없네.

덕이 다할 수 없음을 밝히는 내용이다. 다시 한 번 음미
한다. 말할 수 없는 여러 겁 동안 말할 수 없는 모든 공덕을
찬탄할 때에 말할 수 없는 겁은 다할지언정 말할 수 없는 덕

은 다할 수 없다. 즉 미래제가 다할지라도 말할 수 없는 부처님의 덕은 다할 수 없다. 허공은 다함이 있을지라도 부처님의 공덕은 다할 수 없다는 뜻이다.

(17) 부처님의 덕을 찬탄하다

불 가 언 설 제 여 래
不可言說諸如來가

불 가 언 설 제 설 근
不可言說諸舌根으로

탄 불 불 가 언 설 덕
歎佛不可言說德호대

불 가 설 겁 무 능 진
不可說劫無能盡이로다

말할 수 없는 많은 여래가

말할 수 없는 여러 혀로써

말할 수 없는 부처님의 공덕 찬탄한대도

말할 수 없는 겁에 다할 수 없도다.

역시 부처님의 다할 수 없는 덕을 찬탄하는 내용이다. 말할 수 없는 많은 여래가 말할 수 없는 여러 혀로써 말할 수 없는 부처님의 공덕을 찬탄한다 하더라도 말할 수 없는 겁에도 다할 수 없다.

시 방 소 유 제 중 생   일 체 동 시 성 정 각
十方所有諸眾生이   **一切同時成正覺**하야

어 중 일 불 보 능 현   불 가 언 설 일 체 신
於中一佛普能現   **不可言說一切身**호대

시방에 살고 있는 모든 중생이

한꺼번에 정각을 모두 이루고

그 가운데 한 부처님이

말할 수 없는 여러 몸을 능히 나타내거든

차 불 가 설 중 일 신   시 현 어 두 불 가 설
此不可說中一身에   **示現於頭不可說**이며

차 불 가 설 중 일 두   시 현 어 설 불 가 설
此不可說中一頭에   **示現於舌不可說**이며

이 말할 수 없는 몸의 한 몸에다가

나타내는 머리 수효 말할 수 없고

이 말할 수 없는 머리의 한 머리에서

나타내는 혀 말할 수 없고

차 불 가 설 중 일 설　　　시 현 어 성 불 가 설
此不可說中一舌에　　**示現於聲不可說**이며

차 불 가 설 중 일 성　　　경 어 겁 주 불 가 설
此不可說中一聲이　　**經於劫住不可說**이어든

이 말할 수 없는 혀의 한 혀에서

나타내는 음성 말할 수 없고

이 말할 수 없는 음성의 한 음성으로

몇 겁을 지내는지 말할 수 없거든

여 일 여 시 일 체 불　　　여 일 여 시 일 체 신
如一如是一切佛과　　**如一如是一切身**과

여 일 여 시 일 체 두　　　여 일 여 시 일 체 설
如一如是一切頭와　　**如一如是一切舌**과

한 부처님이 그렇듯이 모든 부처님과

한 몸이 그렇듯이 모든 몸이며

한 머리가 그렇듯이 모든 머리와

한 혀가 그렇듯이 모든 혀며

여 일 여 시 일 체 성
如一如是一切聲으로

불 가 설 겁 항 찬 불
不可說劫恒讚佛호대

불 가 설 겁 유 가 진
不可說劫猶可盡이어니와

탄 불 공 덕 무 능 진
歎佛功德無能盡이로다

한 음성이 그렇듯이 모든 음성으로

말할 수 없는 겁에 부처님을 찬탄하여

말할 수 없는 겁이 다한다 해도

부처님의 공덕을 찬탄함은 다할 수 없도다.

한 호흡에 읽으면 그 뜻이 더욱 잘 느껴지는 게송이다.
마지막에 "한 음성이 그렇듯이 모든 음성으로 말할 수 없는
겁에 부처님을 찬탄하여 말할 수 없는 겁이 다한다 해도 부
처님의 공덕을 찬탄함은 다할 수 없도다."라고 하였다. 현
전에 계시는 부처님이나 2천6백 년 전에 열반에 드신 부처님
이나 우주법계와 함께 영원히 계시는 부처님이나 법성 부처
님이나 진여자성 부처님이나 참마음, 참나, 참사람 부처님
이나 그 공덕은 위에서 설명한 바와 꼭 같다. 어느 것 하나
도 부족함이 없다.

(18) 의보依報를 따로 밝히다

일 미 진 중 능 실 유　　　불 가 언 설 연 화 계
一微塵中能悉有　　　不可言說蓮華界어든

일 일 연 화 세 계 중　　　현 수 여 래 불 가 설
一一蓮華世界中에　　　賢首如來不可說이며

한 먼지 속마다 말할 수 없는

연화장세계들이 모두 다 있고

하나하나 연화장세계 가운데 계시는

현수賢首여래 말할 수 없고

내 지 법 계 실 주 변　　　기 중 소 유 제 미 진
乃至法界悉周徧하야　　　其中所有諸微塵에

세 계 약 성 약 주 괴　　　기 수 무 량 불 가 설
世界若成若住壞가　　　其數無量不可說이로다

그렇게 온 법계에 가득하거든

그 가운데 들어 있는 모든 먼지 속마다

이뤄지고 머물고 무너지는 세계가

그 수효 한량없어 말할 수 없네.

일 미 진 처 무 변 제 　　　무 량 제 찰 보 래 입
一微塵處無邊際에　　**無量諸刹普來入**하니

시 방 차 별 불 가 설 　　　찰 해 분 포 불 가 설
十方差別不可說이며　**刹海分布不可說**이로다

한 먼지 있는 곳이 끝 간 데 없어

한량없는 세계가 다 들어오니

시방의 차별함을 말할 수 없고

세계해의 분포分布도 말할 수 없네.

부처님의 의보依報를 앞에서도 밝혔다. 여기에서 다시 밝힌다. 작은 먼지 속에 연화장세계가 있고, 연화장세계마다 모두 현수여래가 있다. 또 그렇게 온 법계에 가득한 그 세계들 가운데 들어 있는 모든 먼지 속마다 이뤄지고 머물고 무너지는 세계가 그 수효 한량없어 말할 수 없다. 이것이 의보의 현상이다.

(19) 정보正報를 따로 밝히다

일 일 찰 중 유 여 래 　　　수 명 겁 수 불 가 설
一一刹中有如來호대　**壽命劫數不可說**이며

제 불 소 행 불 가 설　　심 심 묘 법 불 가 설
諸佛所行不可說이며　　**甚深妙法不可說**이며

하나하나 세계마다 계시는 여래
수명이 몇 겁劫인지 말할 수 없고
부처님의 행하심도 말할 수 없고
깊고 깊은 묘한 법도 말할 수 없네.

아승지품에서 그 많고 많은 숫자를 열거하여 무엇을 헤아리려는가. 진여자성 부처님이 본래로 갖추고 있는 의보와 정보의 일체 공덕을 헤아리려고 한 것이다. 정보에 대한 공덕을 앞에서 밝혔지만 다시 또 밝히는 내용이다. 하나하나의 세계에 계시는 여래의 수명이 몇 겁劫인지 말할 수 없고, 중생을 위한 부처님의 교화의 행도 말할 수 없고, 깊고 깊은 묘한 법도 말할 수 없다. 말할 수 없다는 말밖에 다른 표현은 없는가.

신 통 대 력 불 가 설　　무 장 애 지 불 가 설
神通大力不可說이며　　**無障礙智不可說**이며

입 어 모 공 불 가 설   모 공 인 연 불 가 설
入於毛孔不可說이며   **毛孔因緣不可說**이며

신통의 큰 힘을 말할 수 없고

걸림 없는 지혜를 말할 수 없고

모공에 드는 일을 말할 수 없고

모공의 인연도 말할 수 없네.

신통의 큰 힘을 말할 수 없고 걸림 없는 지혜를 말할 수 없고 모공에 드는 일을 말할 수 없고 모공의 인연도 말할 수 없다.

성 취 십 력 불 가 설   각 오 보 리 불 가 설
成就十力不可說이며   **覺悟菩提不可說**이며

입 정 법 계 불 가 설   획 심 지 장 불 가 설
入淨法界不可說이며   **獲深智藏不可說**이로다

열 가지 힘 이룸을 말할 수 없고

보리를 깨달음을 말할 수 없고

청정법계 들어감을 말할 수 없고

깊은 지혜 얻는 일도 말할 수 없네.

또 열 가지 힘 성취함을 말할 수 없고, 보리를 깨달음을
말할 수 없고, 청정한 법계에 들어가는 일을 말할 수 없고,
깊은 지혜 얻는 일도 말할 수 없다. 이와 같이 사람 사람이
본래로 갖춘 그 공덕이 말할 수 없이 많다고 하건만 우리는
언제나 부족하고 가난하고 결핍되고 심지어 전혀 없어서 온
갖 부족함에 떨고 있다고 여긴다. 그러므로 말할 수 없이 많
다는 사실을 마냥 반복해서 읽고, 생각하고 또 생각하고 반
복하고 또 반복할 뿐이다. 이 사실을 깨달을 때까지 주문처
럼 반복할 뿐이다.

(20) 수행修行의 인因을 밝히다

종 종 수 량 불 가 설
種種數量不可說을

여 기 일 체 실 요 지
如其一切悉了知하며

종 종 형 량 불 가 설
種種形量不可說을

어 차 미 불 개 통 달
於此靡不皆通達하며

가지가지 수량을 말할 수 없는데

그와 같은 일체를 모두 다 알고
가지가지 형체도 말할 수 없는데
이런 것 통달하지 못함이 없네.

부처님이 본래 갖춘 공덕의 양은 실로 가지가지라 그 수
량을 말할 수 없지만 그와 같은 일체를 모두 다 알며, 가지
가지 형체 말할 수 없지만 그와 같은 것을 통달하지 못함이
없다. 이 모든 것을 아는 것이 곧 수행의 인이 된다.

종 종 삼 매 불 가 설   실 능 경 겁 어 중 주
種種三昧不可說을   悉能經劫於中住하며

어 불 가 설 제 불 소   소 행 청 정 불 가 설
於不可說諸佛所에   所行淸淨不可說이며

가지가지 삼매를 말할 수 없는데
여러 겁 지내도록 머물러 있고
말할 수 없는 부처님들 계신 곳에서
청정하게 닦은 행을 말할 수 없네.

보살이 여러 겁 지내도록 머물러 있는 말할 수 없는 가지 가지 삼매와 말할 수 없이 많은 부처님 계신 곳에서 말할 수 없이 많이 청정하게 닦은 행이 모두 수행의 인이다.

득 불 가 설 무 애 심
得不可說無礙心하야

왕 예 시 방 불 가 설
往詣十方不可說이며

신 력 시 현 불 가 설
神力示現不可說이며

소 행 무 제 불 가 설
所行無際不可說이며

말할 수 없는 걸림 없는 마음을 얻어

시방에 나아감을 말할 수 없고

신통한 힘 나타냄을 말할 수 없고

행하는 일 가없음도 말할 수 없네.

수행의 인이란 이와 같이 말할 수 없는 걸림 없는 마음을 얻어 시방에 나아감을 말할 수 없고, 신통한 힘을 나타내는 일을 말할 수 없고, 행하는 일이 가없음도 말할 수 없다.

왕 예 중 찰 불 가 설
往詣衆刹不可說이며

요 달 제 불 불 가 설
了達諸佛不可說이며

정 진 용 맹 불 가 설
精進勇猛不可說이며

지 혜 통 달 불 가 설
智慧通達不可說이며

모든 세계 가는 일을 말할 수 없고

부처님들 아는 일을 말할 수 없고

용맹하게 정진함을 말할 수 없고

지혜를 통달함도 말할 수 없네.

또 모든 세계 가는 일과 부처님을 아는 일과 용맹하게 정
진함과 지혜를 통달함을 말할 수 없다.

어 법 비 행 비 불 행
於法非行非不行이라

입 제 경 계 불 가 설
入諸境界不可說이며

불 가 칭 설 제 대 겁
不可稱說諸大劫에

항 유 시 방 불 가 설
恒遊十方不可說이며

법을 행하는 것도 아니고 행하지 않는 것도 아니니

모든 경계에 들어감을 말할 수 없고

말할 수 없는 여러 큰 겁에

시방에 항상 다니는 일을 말할 수 없네.

또 법을 행하는 것도 아니고 행하지 않는 것도 아니며 모든 경계에 들어감을 말할 수 없으며 말할 수 없는 여러 큰 겁에 시방에 항상 다니는 일도 말할 수 없다.

방 편 지 혜 불 가 설
方便智慧不可說이며

진 실 지 혜 불 가 설
眞實智慧不可說이며

신 통 지 혜 불 가 설
神通智慧不可說이며

염 념 시 현 불 가 설
念念示現不可說이며

방편으로 있는 지혜를 말할 수 없고
진실하게 있는 지혜를 말할 수 없고
신통으로 있는 지혜를 말할 수 없고
생각 생각 나타냄을 말할 수 없네.

방편으로 있는 지혜와 진실하게 있는 지혜와 신통으로 있는 지혜와 생각마다 나타내는 일을 말할 수 없다.

어 불 가 설 제 불 법　　　　　　일 일 요 지 불 가 설
於不可說諸佛法에　　**一一了知不可說**이로다

말할 수 없는 모든 부처님 법을

낱낱이 아는 일을 말할 수 없도다.

또 말할 수 없는 모든 부처님 법을 낱낱이 아는 일을 말할 수 없다.

(21) 더 나아가는 행行

능 어 일 시 증 보 리　　　　　　혹 종 종 시 이 증 입
能於一時證菩提하며　　**或種種時而證入**하며

능히 일시에 보리를 얻기도 하고

혹은 여러 때에 증득하여 들기도 하네.

보리를 증득하는데 일시에 얻기도 하고 여러 번에 걸쳐서 얻기도 한다. 선불교에서 견성見性을 하는 일도 한번에 하는 것이 아니라 수차에 걸쳐서 하는 사례가 많다. 해오解悟니 증오證悟니 하는 말도 있고 초견성初見性이라는 말도 있다. 조

사 스님들을 보더라도 여러 번 견성한 경우가 많음을 알 수 있다. 한번에 완벽하지 않기 때문이다.

모단불찰불가설
毛端佛刹不可說이며

진중불찰불가설
塵中佛刹不可說이며

여시불찰개왕예
如是佛刹皆往詣하야

견제여래불가설
見諸如來不可說이며

털끝의 부처님 세계 말할 수 없고
먼지 속의 세계도 말할 수 없어
이와 같은 부처님 세계 모두 나아가
모든 여래 뵈옵는 일 말할 수 없네.

아주 작은 털끝의 부처님 세계 말할 수 없이 많고 작은 먼지 속의 세계도 말할 수 없이 많다. 이와 같이 많은 부처님 세계마다 모두 나아가 모든 여래 뵈옵는 일을 말할 수 없다.

통달일실불가설
通達一實不可說이며

선입불종불가설
善入佛種不可說이며

제 불 국 토 불 가 설 　　　실 능 왕 예 성 보 리
諸佛國土不可說에　　**悉能往詣成菩提**하며

실상을 통달함을 말할 수 없고
부처님 종성種性에 들어감을 말할 수 없고
부처님의 국토들을 말할 수 없는데
모두 다 나아가서 보리를 이루네.

보살이 존재의 실상을 통달하는 일이나 부처님의 종성
種性에 들어가는 일이나 부처님의 국토들이나 모두모두 말할
수 없는데 그곳에 모두 다 나아가서 보리를 이룬다.

국 토 중 생 급 제 불 　　　체 성 차 별 불 가 설
國土衆生及諸佛의　　**體性差別不可說**이니

여 시 삼 세 무 유 변 　　　보 살 일 체 개 명 견
如是三世無有邊을　　**菩薩一切皆明見**이로다

국토와 중생과 여러 부처님
자체 성품 차별함을 말할 수 없어
이와 같이 세 세상이 그지없거늘

보살은 온갖 것을 분명히 보도다.

끝으로 국토와 중생과 여러 부처님 자체의 성품이 차별한 것을 말할 수 없다. 이와 같이 과거 현재 미래의 세상이 그지없이 많은데 보살은 그 모든 것을 빠짐없이 분명히 본다.

수를 세는 단위의 명칭이 124가지나 되는, 그 많고 많은 숫자를 나열한 뒤에 부처님의 공덕이 그와 같이 많다는 것을 게송에서 낱낱이 설명하여 마쳤다. 아승지품은 숫자를 나열하려는 것이 아니라 진여자성 부처님과 찰나 부처님과 참사람 부처님과 참마음 부처님이 본래로 갖춘 공덕이 무량무변하고 말할 수 없이 말할 수 없다는 사실을 드러내는 방편이었다.

아승지품 끝

대방광불화엄경 강설

제45권

三十一. 여래수량품

여래수량품如來壽量品은 여래의 목숨이 얼마나 긴가를 밝힌 품이다. 먼저 여기에서 여래란 진리로서의 부처님인 법신 여래이며, 사람 사람이 모두 갖추고 있는 진여불성 여래이며, 참마음 여래이며, 차별 없는 참사람 여래이며, 결국 참나인 여래이다. 이와 같은 참사람, 참나, 참마음, 진여불성 여래, 법신 여래의 목숨의 길이는 얼마나 될까?

앞의 아승지품에서는 참사람 부처님과 참마음 부처님이 본래로 갖춘 공덕이 무량무변하고 말할 수 없이 말할 수 없다는 사실을 드러내었고, 이 여래수량품에서는 그와 같은 공덕을 얼마 동안 누리고 사시는가를 밝혔다.

만약 이 세상에서 극락과 같은 세계의 즐거움을 누리고 산다 하더라도 1년이나 2년밖에 못 산다면 그것은 큰 모순이다. 당연히 오래오래 수억 년을 누리고 살아야 옳을 것이다. 무한한 생명의 진여불성 여래가 무한한 공덕을 갖추고 그 공덕을 얼마나 오래 누리고 살게 될 것인가 하는 문제이다.

사바세계보다는 극락세계의 즐거움이 그야말로 극락이지만 극락세계보다 다음 가사당세계는 그 즐거움이 사바세계와 극락세계의 차이와 같다. 가사당세계와 그 다음 불퇴전음성륜세계의 즐거움의 차이 역시 앞의 세계에서와 같다. 이와 같이 1겁이 1일씩으로 증가하는 목숨의 길이와 즐거움의 차이를 열 세계와 차례차례로 백만 아승지 세계를 지나면서 최후 세계까지를 들어 설하였다.

1. 열 세계를 비교하여 시간을 나타내다

이시　심왕보살마하살　어중회중　고제보
爾時에 **心王菩薩摩訶薩**이 **於衆會中**에 **告諸菩**

살언　　불자　차사바세계석가모니불찰일겁
薩言하사대 **佛子**야 **此娑婆世界釋迦牟尼佛刹一劫**

어극락세계아미타불찰　위일일일야
이 **於極樂世界阿彌陀佛刹**에 **爲一日一夜**요

그때에 심왕보살마하살이 대중 가운데서 모든 보살
들에게 말하였습니다. "불자여, 이 사바세계 석가모니 부
처님 세계의 한 겁[3]이 극락세계 아미타 부처님 세계의
하루 낮 하루 밤이니라."

---

3) 겁劫은 범어로서 겁파劫波 · 劫跛 · 劫簸 · 갈랍파羯臘波라고도 쓴다. 분별시분分別時
分 · 분별시절分別時節 · 장시長時 · 대시大時라 번역한다. 인도에서는 범천梵天의
하루, 곧 인간세계의 4억3천2백만 년을 1겁이라고 하였다. 간혹 인간의 1백
년을 1겁이라고 하는 설도 있다.
불교에서는 보통 연월일로써는 헤아릴 수 없는 아득한 시간을 말한다. 대개 겁
을 표현하는 데 개자芥子 · 불석拂石의 두 가지 비유를 든다. 개자겁芥子劫은 둘

132
대방광불화엄경 강설

여래의 수량壽量이란 사람 사람이 본래로 갖춘 진여자성 여래가 그 덕이 시간적으로 영원하여 없어질 때가 없음을 열 세계의 겁을 비교하여 표현한 것이다. 겁에 대한 사전적인 해석은 주해의 설명과 같다. 그러나 우리들의 성정에 맞는 숫자로 말한다면 1백년 정도로 보는 것이 타당하리라고 본다. 어떤 경전에는 부처님이 80세에 열반에 들자 제자들이 통곡하기를 "세존은 어찌하여 1겁도 못 사시는가."라고 하였다. 그것은 곧 1백년을 뜻하는 것이라고 해석하기 때문이다.

만약 1겁을 1백년이라고 계산한다면 우리가 사는 사바 세계의 1백년, 즉 3만6천5백 일이 극락세계의 하루 낮 하루

레 40리 되는 성중에 개자를 가득 채워 놓고, 장수천인長壽天人이 3년마다 한 알씩 가지고 가서, 모두 없어질 때까지를 1겁이라 한다. 불석겁拂石劫 또는 반석겁磐石劫은 둘레 40리 되는 돌을 하늘사람이 무게 3수銖 되는 천의天衣로써 3년마다 한 번씩 스쳐 그 돌이 닳아 없어질 때까지의 기간을 1겁이라 한다.
또 겁에는 대·중·소의 3종이 있다. 둘레 40리 되는 성 또는 돌을 위에서 말한 바와 같이 하는 것을 1소겁이라 한다. 둘레 80리를 1중겁, 120리를 1대겁. 혹은 인수人壽 8만4천 세로부터 백년마다 한 살씩 줄어 10세 때까지 이르고, 다시 백 년마다 한 살씩 늘어 인수 8만4천 세에 이르되, 한 번 줄고 한 번 느는 동안을 1소겁이라 한다. 20소겁을 1중겁, 4중겁을 1대겁. 또 한 번 늘거나 한 번 줆을 1소겁, 한 번 늘고 한 번 줄어드는 동안을 1중겁. 성겁成劫·주겁住劫·괴겁壞劫·공겁空劫이 각각 20중겁. 합하여 80중겁을 1대겁이라 한다. 겁에는 개자겁芥子劫·공겁호劫·대겁大劫·역겁歷劫·영겁永劫·중겁中劫 등의 말을 쓴다.

밤이 되는 셈이다. 만약 극락세계에서 1백년을 살았다면 이 사바세계에서는 얼마나 산 것이 될까? 필자로서는 계산이 되지 않는다.

극 락 세 계 일 겁　어 가 사 당 세 계 금 강 견 불 찰
極樂世界一劫이 **於袈裟幢世界金剛堅佛刹**에

위 일 일 일 야
爲一日一夜요

"극락세계의 한 겁은 가사당袈裟幢세계 금강견金剛堅 부처님 세계의 하루 낮 하루 밤이니라."

이와 같이 앞 세계의 한 겁이 다음 세계의 하루 낮 하루 밤이 되고, 그 세계의 한 겁이 다시 또 다음 세계의 하루 낮 하루 밤이 되고, 그 세계의 한 겁이 다시 또 다음 세계의 하루 낮 하루 밤이 된다. 이와 같이 계속해서 열 세계에 이른다.

가사당세계일겁　　어불퇴전음성륜세계선
袈裟幢世界一劫이 **於不退轉音聲輪世界善**

승광명연화개부불찰　　위일일일야
勝光明蓮華開敷佛刹에 **爲一日一夜**요

"가사당세계의 한 겁은 불퇴전음성륜不退轉音聲輪 세계
선승광명연화개부善勝光明蓮華開敷 부처님 세계의 하루 낮
하루 밤이니라."

불퇴전음성륜세계일겁　　어이구세계법당
不退轉音聲輪世界一劫이 **於離垢世界法幢**

불찰　　위일일일야
佛刹에 **爲一日一夜**요

"불퇴전음성륜세계의 한 겁은 이구離垢 세계 법당法幢
부처님 세계의 하루 낮 하루 밤이니라."

이구세계일겁　　어선등세계사자불찰　　위
離垢世界一劫이 **於善燈世界獅子佛刹**에 **爲**

일 일 일 야
一日一夜요

"이구세계의 한 겁은 선등善燈세계 사자獅子 부처님 세계의 하루 낮 하루 밤이니라."

선 등 세 계 일 겁   어 묘 광 명 세 계 광 명 장 불 찰
善燈世界一劫이 於妙光明世界光明藏佛刹에

위 일 일 일 야
爲一日一夜요

"선등세계의 한 겁은 묘광명妙光明세계 광명장光明藏 부처님 세계의 하루 낮 하루 밤이니라."

묘 광 명 세 계 일 겁   어 난 초 과 세 계 법 광 명 연
妙光明世界一劫이 於難超過世界法光明蓮

화 개 부 불 찰   위 일 일 일 야
華開敷佛刹에 爲一日一夜요

"묘광명세계의 한 겁은 난초과難超過세계 법광명연화개부法光明蓮華開敷 부처님 세계의 하루 낮 하루 밤이니라."

난 초 과 세 계 일 겁　　어 장 엄 혜 세 계 일 체 신 통
難超過世界一劫이 **於莊嚴慧世界一切神通**

광 명 불 찰　　위 일 일 일 야
光明佛刹에 **爲一日一夜**요

"난초과세계의 한 겁은 장엄혜莊嚴慧세계 일체신통광
명一切神通光明 부처님 세계의 하루 낮 하루 밤이니라."

장 엄 혜 세 계 일 겁　　어 경 광 명 세 계 월 지 불 찰
莊嚴慧世界一劫이 **於鏡光明世界月智佛刹**에

위 일 일 일 야
爲一日一夜니라

"장엄혜세계의 한 겁은 경광명鏡光明세계 월지月智 부
처님 세계의 하루 낮 하루 밤이니라."

이와 같이 하여 열 번째 세계의 하루 낮 하루 밤은 얼마
나 길겠는가. 그 하루 낮 하루 밤의 말할 수 없이 길고 긴 세
월이란 사람 사람의 진여자성 생명의 길이이고 그 생명의 길
이만큼 그 덕 또한 영원하다는 것이다.

2. 최후 세계의 하루의 시간을 나타내다

불자 여시차제   내지과백만아승지세계
佛子야 如是次第로 乃至過百萬阿僧祇世界하야

최후세계일겁   어승련화세계현승불찰 위일
最後世界一劫이 於勝蓮華世界賢勝佛刹의 爲一

일일야   보현보살   급제동행대보살등   충만
日一夜니 普賢菩薩과 及諸同行大菩薩等이 充滿

기중
其中하니라

　"불자여, 이와 같이 차례차례로 백만 아승지 세계를
지나가서 최후 세계의 한 겁은 승련화勝蓮華세계 현승賢勝
부처님 세계의 하루 낮 하루 밤인데, 보현보살과 함께
수행하는 큰 보살들이 그 가운데 가득하였느니라."

　열 번째까지 세계의 겁을 들고 중간 백만 아승지 세계를 생략하고 최후 세계의 한 겁은 승련화勝蓮華세계 현승賢勝 부처님 세계의 하루 낮 하루 밤이라고 하였다. 그런데 그 길고 긴 시간의 세계에 보현보살이 충만하고, 또 보현보살과 함께 큰 보살행을 행하는 보살들이 충만하다고 하였다. 이것이 불교가 꿈꾸는 이상세계다. 사람이 사는 세상이 아무리 오래고 오래더라도 보살행을 닦는 사람들로 가득하기를 희망하는 것이다. 오직 보살행만을 닦는 사람들로 충만하다면 그 세계가 아무리 넓고 아무리 오래고 아무리 사람이 많더라도 환희만 가득할 것이기 때문이다.

그러나 실은 우리가 사는 이 세계가 보살행을 실천하는 큰 보살들로 가득하다는 것을 다만 인식하지 못하고 있을 따름이다. 지혜의 눈을 뜨고 보살의 눈을 뜨고서 이 세상 사람들이 모두 큰 보살들로서 보살행을 실천하고 있다는 사실을 하루빨리 깨닫게 되기를 바랄 뿐이다. 우리가 사는 이 사바세계가 이상세계인 화장장엄세계라는 사실을 깨닫게 되기를 바랄 뿐이다. 그것이 곧 우리가 실현하려는 인간정토이며 인간극락이다.

여래수량품 끝

대방광불화엄경 강설

제45권

三十二. 보살주처품

보살주처품菩薩住處品은 보살이 팔방과 산과 바다에 두루 하여 있음을 밝히는 품이다. 앞의 아승지품에서는 불보살의 공덕을 헤아리기 전에 헤아려 볼 수 있는 숫자에 대해 살펴 보았고, 여래수량품에서는 여래로서 그 공덕을 누리고 사는 겁수가 얼마나 되는가를 밝혔고, 이 보살주처품에서는 어떤 장소에서 그 공덕을 누리고 사는가를 밝힌다.

보살이 사는 장소가 어디 따로 있겠는가마는 장소가 따로 없는 가운데 분명히 따로 있음을 설정해 본 것이다. 그러 므로 청량산, 즉 오대산이라든지 금강산이라고 하는 우리 가 익히 아는 산의 이름도 등장한다. 경전 속의 산 이름이 반 드시 중국이나 한국의 오대산과 금강산을 지칭하는 것은 아 니지만 아무튼 오대산과 금강산이 등장하는 것은 사실이 다. 물론 경전이 중국이나 한국의 산 이름보다 먼저 있은 뒤 에 그 이름을 빌려서 이름을 지은 것이지만 말이다.

그러나 실은 부처님의 안목으로 행동하고 살면 그가 사 는 곳이 곧 부처님의 보리도량이고, 보살의 안목과 행동으 로 살면 그곳이 곧 보살이 사는 도량이 된다. 어찌 부처님 이나 보살이 사는 특정한 장소가 있겠는가. 만약 부처님이

나 보살이 사는 특정한 장소가 있고 중생들이 사는 특정한 장소가 있다고 한다면 세상이 어떻게 되겠는가. 그것을 어찌 부처님의 가르침이라고 할 수 있겠는가. 실로 부처님과 보살의 덕이 시방에 두루 하여 없는 곳이 없다는 것을 밝힌 것이다.

1. 팔방八方과 산과 바다의
열 곳을 밝히다

이시   심왕보살마하살   어중회중   고제보
爾時에 **心王菩薩摩訶薩**이 **於衆會中**에 **告諸菩**

살언   불자   동방   유처   명선인산   종
薩言하사대 **佛子**야 **東方**에 **有處**하니 **名仙人山**이라 **從**

석이래   제보살중   어중지주   현유보살
昔已來로 **諸菩薩衆**이 **於中止住**어니와 **現有菩薩**하니

명금강승   여기권속제보살중삼백인구   상
名金剛勝이라 **與其眷屬諸菩薩衆三百人俱**하야 **常**

재기중   이연설법
在其中하야 **而演說法**이니라

　그때에 심왕보살마하살이 대중 가운데서 모든 보살
들에게 말하였습니다. "불자여, 동방에 선인산仙人山이
있으니 옛적부터 보살들이 그곳에 있었으며, 지금은 금

강승金剛勝보살이 그의 권속 삼백 보살과 함께 항상 그 가운데 있으면서 법을 설하느니라."

심왕보살이 보살이 머무는 곳을 낱낱이 밝힌다. 모두 22 곳인데 먼저 8방과 산과 바다를 합해서 열 곳이다. 청량스 님의 소疏에는 "처음 동방의 선인산仙人山은 전하는 바에 의하 면 동해의 봉래산蓬萊山이다. 만약 그렇다면 또한 바다를 겸 한 곳이다."[4] 라고 하였다. 봉래산은 우리나라 여름의 금강 산을 이르는 이름이다. 참고로 가을에는 풍악산楓嶽山이라 하고, 겨울에는 개골산皆骨山이라 하고, 봄에는 금강산이라 한다.

영주산瀛州山, 방장산方丈山과 함께 중국의 전설에 나오는 삼신산三神山의 하나이다. 이 산에는 신선이 살며 불사不死의 영약靈藥이 있고, 이곳에 사는 짐승은 모두 빛깔이 희며, 금과 은으로 지은 궁전이 있다고 한다.

금강승金剛勝보살이 그의 권속 삼백 보살과 함께 항상 그 곳에서 법을 설하고 있다.

---

4) 一【仙人山】者：相傳是東海蓬萊山. 若爾. 則亦兼海.

남방   유처   명승봉산   종석이래   제보
南方에 有處하니 名勝峯山이라 從昔已來로 諸菩

살 중   어중지주   현유보살   명왈법혜   여
薩衆이 於中止住아니와 現有菩薩하니 名曰法慧라 與

기 권 속 제 보 살 중 오 백 인 구   상 재 기 중   이 연
其眷屬諸菩薩衆五百人俱하야 常在其中하야 而演

설 법
說法이니라

"남방에 승봉산勝峯山이 있으니 옛적부터 보살들이 거기 있었으며, 지금은 법혜法慧보살이 그의 권속 오백 보살과 함께 그 가운데 있으면서 법을 설하느니라."

청량스님의 소疏에는 "승봉산勝峯山은 곧 덕운德雲비구가 머무는 곳이다. 진본晉本 화엄경에는 이름이 누각산樓閣山이며 곧 바시라婆施羅가 사는 곳이다."[5] 라고 하였다. 법혜法慧보살이 그의 권속 오백 보살과 함께 그곳에서 법을 설하고 있다.

---

5) 二. 勝峯：即德雲所住. 晉本名樓閣山. 即婆施羅所居.

서방　유처　　명금강염산　　종석이래　　제
西方에 有處하니 名金剛焰山이라 從昔已來로 諸

보살중　어중지주　　현유보살　　명정진무
菩薩衆이 於中止住어니와 現有菩薩하니 名精進無

외행　　여기권속제보살중삼백인구　　상재
畏行이라 與其眷屬諸菩薩衆三百人俱하야 常在

기중　　이연설법
其中하야 而演說法이니라

"서방에 금강염산金剛焰山이 있으니 옛적부터 보살들
이 거기 있었으며, 지금은 정진무외행精進無畏行보살이 그
의 권속 삼백 보살과 함께 그 가운데 있으면서 법을 설
하느니라."

청량스님의 소疏에는 "금강염산金剛焰山은 서해의 물가에
있는 곳이다."[6]라고 하였다. 어느 서해인지 상고할 길이
없다.

---

6) 三. 金剛焰：在西海之濱.

북방   유처   명향적산   종석이래   제보
北方에 有處하니 名香積山이라 從昔已來로 諸菩

살중   어중지주   현유보살   명왈향상
薩衆이 於中止住어니와 現有菩薩하니 名曰香象이라

여기권속제보살중삼천인구   상재기중
與其眷屬諸菩薩衆三千人俱하야 常在其中하야

이연설법
而演說法이니라

"북방에 향적산香積山이 있으니 옛적부터 보살들이 거
기 있었으며, 지금은 향상香象보살이 그의 권속 삼천 보
살과 함께 그 가운데 있으면서 법을 설하느니라."

청량스님의 소疏에는 "향적산香積山은 옛적에 이르기를, 응
당 설산 북쪽의 향산香山이다."[7] 라고 하였다.

동북방   유처   명청량산   종석이래   제
東北方에 有處하니 名淸涼山이라 從昔已來로 諸

---

7) 四. 香積山：昔云應是雪北之香山.

보살 중   어 중 지 주   현 유 보 살   명 문 수 사
菩薩衆이 於中止住어니와 現有菩薩하니 名文殊師

리   여 기 권 속 제 보 살 중 일 만 인 구   상 재 기 중
利라 與其眷屬諸菩薩衆一萬人俱하야 常在其中

          이 연 설 법
하야 而演說法이니라

"동북방에 청량산淸涼山이 있으니 옛적부터 보살들이
거기 있었으며, 지금은 문수사리文殊師利보살이 그의 권
속 일만 보살과 함께 그 가운데 있으면서 법을 설하느
니라."

청량스님의 소疏에는 "청량산은 대주代州 안문군雁門郡 오
대산五臺山이다. 그 산중에 현재에도 청량사가 있다. 오랜 세
월 동안 쌓인 굳은 얼음으로 여름이 되면 눈이 되어 날린다.
그래서 일찍부터 무더움이 없는 곳이므로 청량산이라 하였
다. 다섯 봉우리가 솟아 있고 정상에는 수림이 없다. 마치
흙을 쌓은 대臺와 같기 때문에 오대五臺라고 부른다."[8]라

---

8) 五. 淸涼山 : 即代州雁門郡五臺山也. 於中現有淸涼寺. 以歲積堅冰, 夏仍飛
雪, 曾無炎暑, 故曰淸涼. 五峯聳出, 頂無林木, 有如壘土之臺故曰五臺.

三十二. 보살주처품菩薩住處品

고 하였다.

우리나라 강원도에 있는 오대산도 역시 청량산이라 한다. 중국의 오대산과 비슷하게 생겼다고 하여 그렇게 부른다. 역시 문수보살이 상주하는 성지로 잘 알려져 있다. 그래서 오대산의 중심도량인 상원사에는 문수보살을 모셨다. 문수보살에 대한 설화도 많다.

해중   유처   명금강산   종석이래   제보
海中에 **有處**하니 **名金剛山**이라 **從昔已來**로 **諸菩**

살중   어중지주   현유보살   명왈법기
薩衆이 **於中止住**어니와 **現有菩薩**하니 **名曰法起**라

여기권속제보살중천이백인구   상재기중
與其眷屬諸菩薩衆千二百人俱하야 **常在其中**하야

이연설법
而演說法이니라

"바다 가운데 금강산金剛山이 있으니 옛적부터 보살들이 거기 있었으며, 지금은 법기法起보살이 그의 권속 천이백 보살과 함께 그 가운데 있으면서 법을 설하느니라."

또 청량스님의 소疏에는 "금강산은 동해에서 가까운 동쪽에 산이 있는데 이름이 금강산이다. 비록 전체가 금은 아니지만 상하와 사방 두루 산간에 냇물이 흐르는데 모래 가운데 모두 금이 있다. 그래서 멀리서 바라보면 산 전체가 금처럼 보인다. 또 해동[한국] 사람들이 예부터 전하는 말에 '이 산에는 왕왕 성인이 출현하였다.'"[9]라고 하였다. 그래서 화엄경에 나오는 이 금강산은 우리나라의 금강산이 틀림없다고 여겨 왔다. 전하는 바에도 금강산에는 법기보살이 1천2백 보살 대중을 거느리고 항상 법을 설한다고 한다.

금강산과 봉래산과 오대산 등이 한국의 지명이다. 봉래산과 금강산은 비록 겹치는 이름이지만 한국의 지명이 이와 같이 세 곳이나 등장하는 것은 한국이 화엄경과 깊은 인연이 있음을 증명한다 하겠다. 한국의 불교를 화엄불교라고 하는 까닭이 여기에 있다.

---

9) 六. 金剛山：謂東海近東有山名為金剛. 雖非全體是金. 而上下四周乃至山間流水砂中皆悉有金. 遠望即謂全體是金. 又海東人自古相傳, 此山往往有聖人出現.

三十二. 보살주처품菩薩住處品

동남방 유처 명지제산 종석이래 제
東南方에 **有處**하니 **名支提山**이라 **從昔已來**로 **諸**

보살중 어중지주 현유보살 명왈천관
菩薩衆이 **於中止住**어니와 **現有菩薩**하니 **名曰天冠**

여기권속제보살중일천인구 상재기중
이라 **與其眷屬諸菩薩衆一千人俱**하야 **常在其中**하야

이 연 설 법
而演說法이니라

"동남방에 지제산支提山이 있으니 옛적부터 보살들이 거기 있었으며, 지금은 천관天冠보살이 그의 권속 일천 보살과 함께 그 가운데 있으면서 법을 설하느니라."

지제支提란 지제支帝 · 脂帝 · 지징支徵 · 제다制多 · 제저制底 · 제저야制底耶라 음역한다. 영묘靈廟 · 가공양처可供養處라고 번역하는데 흙과 돌을 모아서 이룬 것으로 적취積聚의 뜻이다. 석존의 무량복덕이 쌓였다는 뜻이다. 사리가 들어 있는 것은 탑파塔婆라 하고, 사리가 없는 것은 지제라 부른다. 사전적인 해석은 이와 같으나 장소로서는 어느 곳인지 상고할 수 없다.

서남방   유처   명광명산   종석이래   제
西南方에 **有處**하니 **名光明山**이라 **從昔已來**로 **諸**

보살중   어중지주   현유보살   명왈현승
菩薩衆이 **於中止住**어니와 **現有菩薩**하니 **名曰賢勝**

여기권속제보살중삼천인구   상재기중
이라 **與其眷屬諸菩薩衆三千人俱**하야 **常在其中**하야

이 연 설 법
而演說法이니라

"서남방에 광명산光明山이 있으니 옛적부터 보살들이
거기 있었으며, 지금은 현승賢勝보살이 그의 권속 삼천
보살과 함께 그 가운데 있으면서 법을 설하느니라."

청량스님의 소疏에는 "광명산은 옛날에 말하기를 '응당
보타락가산과 서로 연이어 있다.'고 하였다. 진역晉譯 화엄경
에는 '관음보살이 머무는 산이 광명산이다.'라고 하였으나
지금의 글에는 관음보살의 머무는 곳이 아니지만 광명이라
한다. 그러므로 '연이어 있다.'고 하였다. 10)"라고 하였다.

---

10) 八. 光明山 : 昔云. 應是與補怛洛迦山相連. 以晉譯觀音住山爲光明. 今文
　　非觀音住處而云光明. 故言連也.

西北方^에 有處^{하니} 名香風山^{이라} 從昔已來^로 諸

菩薩衆^이 於中止住^{어니와} 現有菩薩^{하니} 名曰香光

^{이라} 與其眷屬諸菩薩衆五千人俱^{하야} 常在其中^{하야}

而演說法^{이니라}

"서북방에 향풍산香風山이 있으니 옛적부터 보살들이
거기 있었으며, 지금은 향광香光보살이 그의 권속 오천
보살과 함께 그 가운데 있으면서 법을 설하느니라."

향풍산香風山은 어디에 있는 산인지를 상고할 길이 없다.

大海之中^에 復有住處^{하니} 名莊嚴窟^{이라} 從昔

已來^로 諸菩薩衆^이 於中止住^{하니라}

"큰 바다 가운데 한 처소가 있으니 이름이 장엄굴莊

嚴窟인데 옛적부터 보살들이 그 가운데 있었느니라."

장엄굴莊嚴窟도 어디에 있는 굴인지 상고할 길이 없다.

2. 성城과 읍邑의 열두 곳을 밝히다

비 사 리 남 　 유 일 주 처 　 명 선 주 근 　 종 석
毗舍離南에 **有一住處**하니 **名善住根**이라 **從昔**

이 래 　 제 보 살 중 　 어 중 지 주
已來로 **諸菩薩衆**이 **於中止住**하니라

"비사리毗舍離 남쪽에 한 처소가 있으니 이름이 '잘 머무는 근본[善住根]'인데 옛적부터 여러 보살들이 거기에 있었느니라."

다음은 성城과 읍邑의 열두 곳을 밝히는 내용이다. 비사리毗舍離는 비야리毗耶離·비사리鞞舍離·폐사리吠舍釐·유야리維耶離라고도 쓰며, 광엄성廣嚴城이라고 번역한다. 중인도에 있던 나라로 항하를 사이에 두고 남방으로 마갈타국과 상대하던 나라다. 옛적에 마갈타국과 대치對峙하였던 종족 발기인跋祇人의 도성都城이다. 부처님이 계실 때에는 자주 이곳

에 다니며 교화하여 유마힐경 · 보문다라니경 등을 설하여 유마힐 · 암몰라녀奄沒羅女 · 장자자長者子 보적寶積 등을 교화하였다. 불멸 후 1백년경에 여기서 계율에 관한 새로운 말[十事非法]이 일어났으므로 야사耶舍의 발의發議에 의하여 조사하느라고 제2 결집이 열렸다. 그 뒤 동진東晉의 법현法顯과 당나라의 현장이 이곳에 갔을 때는 그 도성과 가람이 황폐하여졌다고 한다. 지금 벵갈 지방의 서쪽 바트나시의 북쪽 27마일에 있는 베사르(Besarh)촌이 도성의 옛 터라고 한다.

마 도 라 성　 유 일 주 처　　 명 만 족 굴　 종 석 이
摩度羅城에 **有一住處**하니 **名滿足窟**이라 **從昔已**

래　 제 보 살 중　 어 중 지 주
來로 **諸菩薩衆**이 **於中止住**하나라

"마도라摩度羅성에 한 처소가 있으니 이름이 만족굴滿足窟인데 옛적부터 여러 보살들이 거기에 있었느니라."

청량스님의 소에 "마도라摩度羅는 또한 마투라摩偸羅라고도 하는데 번역하면 공작孔雀이며 또한 밀개密蓋이다. 모두 옛

세상의 어떤 일을 인해서 지어진 이름이며 또한 중인도이다. 만족굴滿足窟이란 저 나라에 사리불 등의 탑과 문수사리의 탑이 있는데 왕성王城에서 동쪽으로 5~6리의 산에 절이 있다. 오파국다烏波毱多가 지은 것이다. 절 북쪽에 바위가 있고 그 중간에 석굴이 있는데 그 석굴은 오파국다가 사람들을 제도했을 때마다 산가지를 넣어 두던 장소다. 자세한 내용은 서역기西域記 제4에 설해진 것과 같다. 산가지를 넣어 두었다는 것은 비록 뒷날의 일이지만 굴 안에 성인[아라한]의 형상을 많이 안치하여 두었다."11)라고 하였다.

오파국다烏波毱多는 우바국다優婆毱多라고도 하며 또는 오바급다鄔波笈多 · 우바굴다優波掘多라고 음역한다. 근호近護 · 대호大護 · 근장近藏 · 무상無相이라 번역하는데 불법을 전해받은 제4조다. 아육왕의 스승이며 마돌라摩突羅국에서 출생하였다. 17세에 상나화수商那和修에게 가서 배우고 아라한과를 얻었다. 아육왕을 위하여 우타산으로부터 화씨성에

---

11) 二. 云【摩度羅】者, 亦曰摩偸羅. 此云孔雀, 亦云密蓋. 並是古世因事. 亦中印度. 言【滿足窟】者: 彼國有舍利弗等塔及文殊師利塔. 於王城東五六里有山寺. 是烏波毱多所造. 寺北有巖. 中間有石窟. 是毱多度人安籌之所. 具如西域記第四說. 安籌雖是後事, 多是安聖窟中.

이르러 설법하고, 왕에게 권하여 부처님의 유적지에 8만4천
의 탑을 세웠다고 전한다.

구 진 나 성　　유 일 주 처　　　명 왈 법 좌　　종 석 이
俱珍那城에 **有一住處**하니 **名曰法座**라 **從昔已**

래　　　제 보 살 중　　어 중 지 주
來로 **諸菩薩衆**이 **於中止住**하니라

"구진나俱珍那 성에 한 처소가 있으니 이름이 '법 자리
[法座]'인데 옛적부터 여러 보살들이 거기에 있었느니라."

청량스님의 소에 "구진나俱珍那는 갖추어 말하면 구진나야
俱陳那耶이다. 구진은 사람의 성姓인데 번역하면 큰 동이[大盆]이
다. 나야는 법률法律이다. 못의 형상이 큰 동이와 같은데 옛날
어떤 신선이 못 옆에서 법률을 수학하였다. 뒷사람이 이것을
인하여 성을 삼았다. 그래서 성城의 이름을 갖게 되었다."[12]
라고 하였다. 그러나 지금은 어디인지 상고할 길이 없다.

---

12) 三【俱珍那】者：具云俱陳那耶. 俱珍姓也. 此云大盆. 那耶, 法律也：謂
　　池形如大盆. 往昔有仙於側修法律. 後人以此為姓. 因為城名.

청정피안성　유일주처　　명목진인타굴
清淨彼岸城에 **有一住處**하니 **名目眞隣陀窟**이라

종석이래　제보살중　어중지주
從昔已來로 **諸菩薩衆**이 **於中止住**하나라

"청정한 저 언덕[清淨彼岸] 성에 한 처소가 있으니 이름이 목진인타目眞隣陀굴인데 옛적부터 여러 보살들이 거기에 있었느니라."

청량스님의 소에 "청정한 저 언덕[清淨彼岸] 성은 남인도다. 목진目眞은 번역하면 해탈인데 곧 용의 이름이다. 인타隣陀는 번역하면 장소다. 즉 용이 머무는 장소다."[13] 라고 하였다.

마란다국　유일주처　　명무애용왕건립
摩蘭陀國에 **有一住處**하니 **名無礙龍王建立**이라

종석이래　제보살중　어중지주
從昔已來로 **諸菩薩衆**이 **於中止住**하나라

---

13) 四. 清淨彼岸城是南印度. 【目真】, 此云解脱. 即龍之名. 【隣陀】, 云處. 即龍所居處.

"마란다摩蘭陀국에 한 처소가 있으니 이름이 '걸림 없음[無礙]'인데 용왕이 세운 것으로 옛적부터 여러 보살들이 거기에 있었느니라."

청량스님의 소에 "마란다摩蘭陀국은 그 소재를 알 수 없다. 진晉나라 번역 화엄경에는 나라는 없고 다만 풍지風地라고만 하였다. 이를테면 바람구멍의 장소이니 곧 용이 머무는 곳이다."[14]라고 하였다.

감 보 자 국   유 일 주 처   명 출 생 자   종 석 이
甘菩遮國에 **有一住處**하니 **名出生慈**라 **從昔已**

래   제 보 살 중   어 중 지 주
來로 **諸菩薩衆**이 **於中止住**하니라

"감보자甘菩遮국에 한 처소가 있으니 이름이 '인자함을 냄[出生慈]'인데 옛적부터 여러 보살들이 거기에 있었느니라."

---

14) 五. 摩蘭陀國未詳所在. 晉經無國. 但云風地. 謂有風孔處. 即龍所居.

三十二. 보살주처품菩薩住處品

청량스님의 소에 "감보자甘菩遮국은 바르게 말하면 감포紺蒲이니 곧 과일의 이름이다. 그 과일은 붉고 희며 둥글다. 중국의 임금林檎과 약간 닮았으며 중앙에 가로로 세 줄의 문양이 있다. 이 나라에는 단정한 여인들이 많은데 감포紺蒲라는 과일의 세 줄 문양과 같이 하고 있다. 여자로서 나라의 이름을 삼았다."[15]라고 하였다.

　진단국　유일주처　　명나라연굴　종석이
震旦國에 有一住處하니 名那羅延窟이라 從昔已

래　　제보살중　어중지주
來로 諸菩薩衆이 於中止住하니라

　"진단震旦국에 한 처소가 있으니 이름이 나라연那羅延굴인데 옛적부터 여러 보살들이 거기에 있었느니라."

진단震旦은 또는 진단眞丹·振旦이라 하는데 인도에서 중국을 부르는 이름이다. 진震은 동방을 의미하며, 해가 돋는 쪽

---

15) 六. 甘菩遮國. 正云紺蒲. 即是果名. 其果赤白圓滿. 乍似此方林檎. 而腹三約橫文. 此國多端正女人. 而似紺蒲三約文成. 以女名國

에 있다 하여 진단이라고 한다. 청량스님의 소에 "진단국은 곧 당나라다. 또는 진단眞丹이라고도 하며 혹은 지나支那라고도 하는데 모두 인도말의 초楚나라 소리와 하夏나라 소리의 차이에서 온 것이다. 중국어로 번역하면 다사유多思惟인데 생각이 많은 까닭이다."[16]라고 하였다.

소 륵 국　유 일 주 처　　명 우 두 산　　종 석 이
疏勒國에 **有一住處**하니 **名牛頭山**이라 **從昔已**

래　　제 보 살 중　　어 중 지 주
來로 **諸菩薩衆**이 **於中止住**하니라

"소륵疏勒국에 한 처소가 있으니 이름이 우두牛頭산인데 옛적부터 여러 보살들이 거기에 있었느니라."

청량스님의 소에 "소륵疏勒국은 갖추어 말하면 구로수달륵佉路數怛勒인데 이것은 저 나라의 산 이름이다. 산을 인하여 나라 이름을 지었다. 혹 번역하여 악성惡性이라 하는데 그 나

---

16) 七. 震旦國. 即此大唐. 亦云眞丹. 或云支那. 皆梵音楚夏. 此云多思惟. 以情慮多端故.

三十二. 보살주처품菩薩住處品

라 사람들을 인하여 지은 이름이다. 그러나 우두산은 지금 우전국于闐國에 있다. 번역하면 젖이 흐르는 땅이다. 부처님이 적멸에 드시고 1백년에 비로소 이 나라를 세웠다. 자세한 것은 서역기西域記의 내용과 같다. 경을 결집할 때에는 아직 개국開國하지 않았다. 소륵疏勒국에 속해 있었기 때문이다." [17] 라고 하였다.

가 섭 미 라 국　　　유 일 주 처　　　명 왈 차 제　　종 석
迦葉彌羅國에 **有一住處**하니 **名曰次第**라 **從昔**

이 래　　　제 보 살 중　　　어 중 지 주
已來로 **諸菩薩衆**이 **於中止住**하나라

"가섭미라迦葉彌羅국에 한 처소가 있으니 이름이 차제次第인데 옛적부터 여러 보살들이 거기에 있었느니라."

청량스님의 소에 "가섭미라迦葉彌羅는 진나라 번역에는 계

---

17) 八. 疏勒國：具云佉路數怛勒, 是彼國山名, 因山立號. 或翻為惡性. 因國人以立名. 然【牛頭山】在今于闐國. 此云地乳. 佛滅百年方立此國. 具如西域記. 以集經之時未開. 尚屬疏勒故耳.

빈罽賓이라 하였는데 번역하면 아수입阿誰入이다."[18]라고 하였다. 계빈罽賓은 또는 겁빈劫賓·갈빈羯賓이라 한다. 북인도에 있던 큰 나라 이름이다. 가습미라迦濕彌羅의 옛 이름이다.

증장 환 희 성　　유 일 주 처　　　명 존 자 굴　　　종
增長歡喜城에 **有一住處**하니 **名尊者窟**이라 **從**

석 이 래　　제 보 살 중　　어 중 지 주
昔已來로 **諸菩薩衆**이 **於中止住**하니라

"증장환희增長歡喜성에 한 처소가 있으니 이름이 존자굴尊者窟인데 옛적부터 여러 보살들이 거기에 있었느니라."

청량스님의 소에 "증장환희增長歡喜성은 옛날의 해석에는 남인도라고 하였다. 또 존자굴尊者窟이란 곧 상좌부上座部 사람들이 머물던 장소다."[19]라고 하였다.

상좌부上座部란 인도 소승교 20부의 하나다. 체비리體毘履·타비라他鞞羅·타비리여他毘梨與 등으로 음역한다. 북방에

---

18) 九. 迦濕彌羅 : 晉譯為罽賓. 此翻為阿誰入.

19) 十. 增長歡喜城 : 古釋云 : 即南印度.【尊者窟】者, 即上座部所居之所.

서 전하는 바에 의하면, 불멸 후 1백여년경에 학승學僧인 대천大天이 5개조의 신설新說을 주창하여 전통적 불교를 반대하였는데 이를 시인하는 1파인 대중부와 부인하는 1파인 상좌부가 생겼다. 그 뒤 약 300년 동안 상좌부에서 10파가 갈라졌다. 곧 불멸 후 300년 처음에 근본상좌부[雪山部]와 설일체유부說一切有部가 갈리고, 300년의 중간쯤에 설일체유부에서 독자부犢子部를, 다시 이 부에서 법상부法上部 · 현주부賢胄部 · 정량부正量部 · 밀림산부密林山部의 여러 파가 갈려 나오고, 그 뒤에 설일체유부에서 화지부化地部를, 화지부에서 법장부法藏部를 내고, 300년의 말경에 설일체유부에서 음광부飮光部 · 경량부經量部가 갈려 나왔다. 교의敎義는 자세히 전하지 않고 다만 설일체유부만이 전한다. 그래서 소승이십부小乘二十部를 말한다.

암 부 리 마 국　　유 일 주 처　　　명 견 억 장 광 명
庵浮梨摩國에 有一住處하니 名見億藏光明이라

종 석 이 래　　제 보 살 중　　어 중 지 주
從昔已來로 諸菩薩衆이 於中止住하니라

"암부리마庵浮梨摩국에 한 처소가 있으니 이름이 '억장 광명을 봄[見億藏光明]'인데 옛적부터 여러 보살들이 거기에 있었느니라."

청량스님의 소에 "암부리마庵浮梨摩국은 번역하면 무구無垢니 곧 과일의 이름이다. 이 나라에는 물질이 넉넉하고 또한 뛰어났기 때문에 그 이름을 삼았다. 중인도 경계에 있다."[20] 라고 하였다.

건 타 라 국　　유 일 주 처　　　명 첨 바 라 굴　　　종
乾陀羅國에 有一住處하니 名苫婆羅窟이라 從

석 이 래　　제 보 살 중　　어 중 지 주
昔已來로 諸菩薩衆이 於中止住하니라

"건타라乾陀羅국에 한 처소가 있으니 이름이 첨바라 苫婆羅굴인데 옛적부터 여러 보살들이 거기에 있었느니라."

---

20) 十一. 庵浮梨摩. 此云無垢. 即是果名. 此國豊而且勝故以為名. 在中印度境.

청량스님의 소에 "건타라乾陀羅국은 번역하면 지지국持地國이라 한다. 도과道果를 얻은 이들이 많아서 나라를 보호하여 지키므로 다른 나라의 침범이 없기 때문이다. 혹은 향변香遍이라 하는데 온 나라에 향초香草가 먼저 자라기 때문이다. 첨바라苫婆羅란 향기가 나는 꽃나무의 이름이다."[21]라고 하였다.

이와 같이 보살이 머무는 곳은 인도와 중국과 한국이 골고루 포함되었다. 화엄경을 결집한 경가經家는 이미 이 광대한 지역까지 성지를 다 알고 있었던 것이다.

그러나 보살이 머무는 곳으로 어찌 특정한 장소가 있겠는가. 보살의 정신을 가지고 보살행을 실천하는 사람이 있는 곳이면 그곳이 곧 보살이 머무는 장소이리라. 실로 부처님의 꿈은 온 세상이 보살들로 꽉 찬 곳이 되기를 바라는 것이다. 불교의 이상은 전 세계를 보살들로 충만한 곳으로 만들고자 하는 것이다.

보살주처품 끝

〈제45권 끝〉

---

21) 十二, 乾陀羅國. 此云持地國. 多得道果者護持. 不爲他國侵害故. 或云香遍. 遍國香草先發故.【苫婆羅】者, 是香華樹名.

華嚴經 構成表

分次	周次		内容	品數	會次
舉果勸樂生信分 (信)	所信因果周		如來依正	世主妙嚴品 第一 如來現相品 第二 普賢三昧品 第三 世界成就品 第四 華藏世界品 第五 毘盧遮那品 第六	初會
修因契果生解分 (解)	差別因果周	差別因	十信	如來名號品 第七 四聖諦品 第八 光明覺品 第九 菩薩問明品 第十 淨行品 第十一 賢首品 第十二	二會
			十住	昇須彌山頂品 第十三 須彌頂上偈讚品 第十四 十住品 第十五 梵行品 第十六 初發心功德品 第十七 明法品 第十八	三會
			十行	昇夜摩天宮品 第十九 夜摩天宮偈讚品 第二十 十行品 第二十一 十無盡藏品 第二十二	四會
			十迴向	昇兜率天宮品 第二十三 兜率宮中偈讚品 第二十四 十迴向品 第二十五	五會
			十地	十地品 第二十六	六會
			等覺	十定品 第二十七 十通品 第二十八 十忍品 第二十九 阿僧祇品 第三十 如來壽量品 第三十一 菩薩住處品 第三十二	七會
		差別果	妙覺	佛不思議法品 第三十三 如來十身相海品 第三十四 如來隨好光明功德品 第三十五	
	平等因果周	平等因		普賢行品 第三十六	
		平等果		如來出現品 第三十七	
托法進修成行分 (行)	成行因果周		二千行門	離世間品 第三十八	八會
依人證入成德分 (證)	證入因果周		證果法門	入法界品 第三十九	九會

（資料：文殊經典研究會）

會場	放光別	會主	入定別	說法別擧
菩提場	遮那放齒光眉間光	普賢菩薩爲會主	入毘盧藏身三昧	如來依正法
普光明殿	世尊放兩足輪光	文殊菩薩爲會主	此會不入定・信未入位故	十信法
忉利天宮	世尊放兩足指光	法慧菩薩爲會主	入無量方便三昧	十住法門
夜摩天宮	如來放兩足趺光	功德林菩薩爲會主	入菩薩善思惟三昧	十行法門
兜率天宮	如來放兩膝輪光	金剛幢菩薩爲會主	入菩薩智光三昧	十廻向法門
他化天宮	如來放眉間毫相光	金剛藏菩薩爲會主	入菩薩大智慧光明三昧	十地法門
再會普光明殿	如來放眉間口光	如來爲會主	入刹那際三昧	等妙覺法門
三會普光明殿	此會佛不放光・表行依解法依解光故	普賢菩薩爲會主	入佛華莊嚴三昧	二千行門
祇陀園林	放眉間白毫光	如來善友爲會主	入獅子頻申三昧	果法門

如天 無比

1943년 영덕에서 출생하였다. 1958년 출가하여 덕흥사, 불국사, 범어사를 거쳐 1964년 해인사 강원을 졸업하고 동국대경연수원에서 수학하였다. 10여 년 선원생활을 하고 1976년 탄허스님에게 화엄경을 수학하고 전법, 이후 통도사 강주, 범어사 강주, 은해사 승가대학원장, 대한불교조계종 교육원장, 동국역경원장, 동화사 한문불전승가대학원장 등을 역임하였다.

현재 부산 문수선원 문수경전연구회에서 150여 명의 스님과 250여 명의 재가 신도들에게 화엄경을 강의하고 있다. 또한 다음 카페 '염화실'(http://cafe.daum.net/yumhwasil)을 통해 '모든 사람을 부처님으로 받들어 섬김으로써 이 땅에 평화와 행복을 가져오게 한다.'는 인불사상(人佛思想)을 펼치고 있다.

저서로 『법화경 법문』, 『신금강경 강의』, 『직지 강설』(전 2권), 『법화경 강의』(전 2권), 『신심명 강의』, 『임제록 강설』, 『대승찬 강설』, 『유마경 강설』, 『당신은 부처님』, 『사람이 부처님이다』, 『이것이 간화선이다』, 『무비 스님과 함께하는 불교공부』, 『무비 스님의 증도가 강의』, 『일곱 번의 작별인사』, 무비 스님이 가려 뽑은 명구 100선 시리즈(전 4권) 등이 있고 편찬하고 번역한 책으로 『화엄경(한글)』(전 10권), 『화엄경(한문)』(전 4권), 『금강경 오가해』 등이 있다.

대방광불화엄경 강설 제45권

| 초판 1쇄 발행_ 2016년 8월 26일
| 초판 2쇄 발행_ 2018년 3월 21일

| 지은이_ 여천 무비(如天 無比)
| 펴낸이_ 오세룡
| 편집_ 박성화 손미숙 정선경 이연희
| 기획_ 최은영
| 디자인_ 고혜정 김효선 장혜정
| 홍보 마케팅_ 이주하
| 펴낸곳_ 담앤북스
　　　　서울특별시 종로구 사직로8길 34 (내수동) 경희궁의 아침 3단지 926호
　　　　대표전화 02)765-1251 전송 02)764-1251 전자우편 damnbooks@hanmail.net
　　　　출판등록 제300-2011-115호
| ISBN　979-11-87362-20-3　04220

정가 14,000원

大方廣佛華嚴經第二十五卷變相

阿僧祇品三十